AF453851

LE

PLURIEL BRISÉ

ANGERS, IMP. ORIENTALE DE A. BURDIN

LE
PLURIEL BRISÉ

D'APRÈS

L'*Alfiyah* de Bnou-Malek, la *Chafiyah* de Bnou'l-Hadjeb,
a *Tewdheih* de Bnou-Hecham, le *Tesreih* de Khaled el-Azhary

Et d'autres savants travaux d'érudition des grammairiens
de Bassora et de Coufa.

PAR

MOHAMMED-BEN-BRAHAM

INTERPRÈTE JUDICIAIRE
MEMBRE DE LA SOCIÉTÉ ASIATIQUE DE PARIS

PARIS
ERNEST LEROUX, ÉDITEUR
28, RUE BONAPARTE, 28
—
1897

A LA FRANCE

AU GOUVERNEMENT FRANÇAIS

Humble hommage d'admiration et de reconnaissance pour la grande Nation dont on est fier d'être citoyen.

MOHAMMED-BEN-BRAHAM.

PRÉFACE

Le *pluriel brisé*, par la diversité de ses formes et l'étendue de sa théorie, a dans l'étude du nom l'importance qu'a la conjugaison dans celle du verbe.

Il constitue, d'ailleurs, une des parties les plus essentielles de la grammaire arabe, car il est le seul qui soit compatible avec les noms communs, et, dans la plupart des cas, il doit être employé avec les noms propres et les qualificatifs à l'exclusion du *pluriel sain*.

Ses principes, bien qu'ils soient d'une utilité absolue, n'ont été cependant formulés avec précision et accompagnés de quelques développements ni dans les livres en usage dans les établissements d'instruction publique, ni dans les grands traités publiés soit en français, soit dans les autres langues européennes.

On trouve bien dans ces ouvrages quelques règles visant des cas très rares ; mais elles sont exposées d'une manière si défectueuse qu'elles donnent des notions erronées, sinon entièrement fausses.

D'où vient donc qu'une étude aussi indispensable a été complètement négligée? D'une erreur fort répandue qui consiste à croire que le pluriel brisé est réfractaire à toute règle, et qui s'explique par une tendance qu'on a dans les cours d'arabe de considérer comme régulier tout ce qui offre quelque analogie avec le français et de regarder, au contraire, comme irrégulier tout ce qui paraît s'en écarter.

C'est ainsi qu'on a appelé régulier le pluriel sain, parce qu'il se forme, comme en français, à l'aide d'une désinence ajoutée au singulier; tandis que le pluriel brisé a été appelé irrégulier, parce qu'il s'obtient à l'aide de modifications particulières au génie de la langue arabe.

Cette manière d'envisager les faits grammaticaux est évidemment fausse. Elle présente tout au moins les mêmes inconvénients que la *méthode uniforme* pour l'enseignement des langues, adoptée autrefois dans l'Université, on sait avec quel peu de succès.

La vérité est que le pluriel brisé n'a rien d'arbitraire, et qu'il a, au contraire, des principes fixes, immuables. Il suffit de remonter aux sources primitives pour constater que tous les auteurs arabes, à quelque école qu'ils appartiennent, sont unanimes à cet égard.

Malgré cela, on s'est borné jusqu'à présent à effleurer le pluriel sain, applicable seulement à une catégorie très restreinte de mots ; et les étudiants en sont réduits à recourir aux dictionnaires pour connaître le pluriel d'un nom et à se livrer ensuite à des efforts de mémoire pour essayer de le retenir.

Ce procédé est assurément peu pratique, et cela pour deux raisons.

La première, c'est que le dictionnaire est insuffisant dans la plupart des cas, parce que le lexicographe arabe n'empiète généralement pas sur le domaine du grammairien : il se borne à enregistrer les irrégularités admises par l'usage et s'abstient de consigner ce qui peut être obtenu à l'aide des règles grammaticales

La seconde, c'est qu'un mot arabe est susceptible d'avoir plusieurs pluriels, qui, eux-mêmes, peuvent être groupés et donner ainsi lieu à d'autres pluriels. Or, quand on songe qu'il en est qui revêtent plus de quinze formes, on conviendra que la mémoire la plus heureuse est impuissante à retenir les pluriels d'une langue dont la richesse lexicologique est proverbiale.

Mais, à supposer que l'étudiant soit doué d'une mémoire prodigieuse, comment pourra-t-il contrôler l'exactitude des voyelles et rectifier, au besoin, les erreurs qui ont pu s'y glisser? Comment distinguera-t-il les formes de *pluralité* des formes de *collectivité*? Et quand cette distinction aura été faite, comment se guidera-t-il dans le choix de telle ou telle forme de pluriel?

C'est que ces formes n'ont pas toujours la même valeur entre elles; le plus souvent elles se distinguent les unes des autres par des nuances caractéristiques qu'il importe de ne pas perdre de vue : les unes indiquent une collection limitée; d'autres expriment une réunion illimitée; d'autres encore donnent le nom comme substantif; d'autres enfin le présentent comme qualificatif.

Ces considérations sur lesquelles le cadre trop restreint de cette préface ne me permet pas de m'étendre, m'ont déterminé à entreprendre ce travail, destiné à aplanir les difficultés avec lesquelles les étudiants se trouvent aux prises au seuil même de la grammaire, et à combler ainsi une véritable lacune dans l'enseignement d'une langue dont l'utilité n'est plus à démontrer.

Je ne me dissimulais pas en me mettant à l'œuvre les difficultés sans nombre que j'aurais à vaincre pour le mener à bien; j'ai cependant la conviction que grâce aux savants travaux d'érudition des auteurs arabes que j'ai mis à profit, cet ouvrage, tel qu'il est conçu, sera d'un grand secours pour la mémoire, et qu'il contribuera ainsi à vaincre sans peine des difficultés réputées jusqu'ici insurmontables.

On n'y trouvera, en effet, aucun principe, aucune assertion que je n'aie puisés dans les œuvres magistrales de Sébawaïh, d'El-Ferra, de Bnou-Malek, de Bnou'l-Hadjeb, de Bnou-Hecham et de tant d'autres célébrités qui font, à juste titre, l'orgueil des nations musulmanes.

Sous les auspices de ces noms illustres, je soumets mon travail à la haute appréciation et au jugement impartial des savants orientalistes.

M. B.

PRINCIPAUX AUTEURS CONSULTÉS

Bnou-Malek (Abou-Abd-Allah-Mohammed- Djamal-Ed-dein-Bnou-Abd-Allah). — Auteur de l'*Alfyah*, de la *Kafyah*, du *Tesheil*.

Bnou'l-Hadjeb (Djamal-Ed-dein-Abou-Amr-Bnou-Abou-Bekr). — Auteur de la *Chafyah*.

Bnou-Hecham (Djamal-Ed-dein-Abou-Abd-Allah-Bnou-Youcef). — Auteur du *Teudheil*.

Khaled-el-Azharey (Bnou-Abd-Allah). — Auteur du *Tesreih*.

El-Achmouney (Nour-Ed-dein-Abou'l-Hassan-Bnou-Aley-Bnou-Mohammed). — Commentateur de l'*Alfyah*.

El-Makoudey (Abd-er-Rahman-Bnou-Aley-Bnou-Salah). — Commentateur de l'*Alfyah*.

Bnou-Akeil (Baha-Ed-dein-Abd-Allah-Bnou-Abd-er-Rahman). — Commentateur de l'*Alfyah*.

Seyd-Abd-Allah (Bnou-Mohammed). — Commentateur de la *Chafyah*.

Es-Sebbane (Mohammed-Bnou-Aley). — Auteur de gloses sur le commmentaire d'El-Achmouney.

Bnou-Saed (Abou-Abd-Allah-Mohammeh-Bnou-Aley). — Auteur de gloses sur le commentaire d'El-Achmouney.

El-Molawey. — Auteur de gloses sur le commentaire d'El-Makoudey.

El-Khodharey (Mohammed). — Auteur de gloses sur le commentaire de Bnou-Akeil.

Yassein (Bnou-Zein-Ed-dein). — Auteur de gloses sur le *Tewdheih* et le *Tesreih*.

El-Anbabey (Mohammed). — Auteur de notes sur les gloses d'Es-Sebbane.

DICTIONNAIRES

El-Mesbah, Es-Sehah, El-Kamous, etc., etc.

PLAN DE L'OUVRAGE

Cet ouvrage traite de toutes les formes plurielles données dans l'*Alfyah* de Bnou-Malek, ainsi que de quelques autres données dans la *Kafyah* du même auteur et dans l'*Alfyah* de Bnou-Moôtey.

En le composant, je ne me suis pas borné au simple rôle de traducteur. Très souvent, quand une règle m'a paru insuffisante dans un texte, je l'ai complétée soit à l'aide d'un ou de plusieurs autres textes, soit à l'aide des commentaires de ces textes.

L'étude de chaque forme comprend la règle, des notes, des anomalies et, s'il y a lieu, des observations.

Règle. — Au lieu de donner le pluriel correspondant à chaque forme de singulier, comme le font généralement les grammairiens arabes, j'ai adopté la méthode inverse qui consiste à donner tous les singuliers correspondants à une même forme de pluriel.

Cette méthode, qui, au dire de Bnou-Ghazey, a été inaugurée par Bnou-Serradj et suivie plus tard par Bnou-Malek, a l'avantage de ne pas émietter la règle, les formes du pluriel étant de beaucoup moins nombreuses que celle du singulier.

Notes. — Les notes donnent l'explication de la règle par la mise en relief de toutes les conditions qui doivent concourir pour rendre régulier l'emploi de telle ou telle forme ; les hypothèses qui rendent la règle inapplicable ; les formes particulières à quelques dialectes ; les questions controversées et les contradictions apparentes ou réelles relevées chez Bnou-Malek.

Au cours de ces notes, j'ai donné, à l'occasion de chaque hypothèse, le pluriel applicable ; et comme j'ai été souvent obligé d'empiéter sur des règles non encore exposées, il serait bon que ces notes ne fussent lues attentivement qu'à une seconde lecture de l'ouvrage.

ANOMALIES. — Sous ce titre, j'ai donné quelques exemples de pluriels irréguliers dont les listes devront êtres complétées par les étudiants eux-mêmes, au fur et à mesure que l'explication des textes leur en révélera d'autres cas.

OBSERVATIONS. — Elles ont trait à d'utiles indications relatives à des questions d'analogie et en général à tout ce qui n'a pu trouver place sous aucune des rubriques précédentes.

L'ouvrage est précédé de quelques *notions préliminaires* absolument indispensables pour l'intelligence de l'étude proprement dite du pluriel brisé.

Il est suivi de deux tableaux synoptiques qui sont l'un la contre-partie de l'autre. Le premier (A) donne les pluriels avec les singuliers correspondants ; le second (B), les singuliers avec les pluriels correspondants.

A la suite de ces tableaux, j'ai donné un chapitre de l'*Alfyah* de Bnou-Malek, résumant tout ce qui a trait au pluriel brisé.

ABRÉVIATIONS

R.	Règle.		O.	Observation.
N.	Note.		Pl. com.	Pluriel commun.
A.	Anomalie.		N. P.	Notions préliminaires

LE PLURIEL BRISÉ

NOTIONS PRÉLIMINAIRES

§ 1. — Définitions.

1. Les lettres arabes sont *faibles* ou *fortes*, *radicales* ou *augments*, *mues* ou *quiescentes*.

2. Les *faibles* sont : ١, و, ي ; les *fortes*, toutes les autres lettres de l'alphabet.

3. Les *radicales* sont celles qui constituent les éléments essentiels d'une *racine*.

4. Les *augments* sont celles qui en s'ajoutant aux radicales ajoutent une idée accessoire au sens de la racine.

5. Toutes les lettres peuvent être radicales ; mais il n'y a que les dix de la phrase mnémonique سَأَلْتُمُونِيهَا qui s'emploient comme augments.

6. Une lettre est dite *mue* quand elle est affectée d'une voyelle : غَ, بِ, تُ, etc. ; *quiescente* quand elle en est dépourvue : غْ, بْ, تْ, etc.

7. Une faible est appelée *lettre de prolongation*, quand elle est précédée d'une voyelle qui lui est analogue : غَا, بِي, تُو, etc.

§ 2. — Généralités sur les noms.

8. Le nom — substantif ou qualificatif — est un mot qui renferme en lui-même un sens dépourvu de toute idée accessoire de temps.

9. Quand il est sans augments, le nombre de ses lettres ne peut être ni inférieur à trois ni supérieur à cinq.

Ex. :

فَلْس   *obole*,

أَرَن   *lierre*,

سَفَرْجَل   *coing*.

10. Quand il est avec augments, le nombre de ses lettres ne peut être ni inférieur à quatre ni supérieur à sept.

Ex. :

غَزَال   *gazelle*,

زَعْفَرَان   *safran*,

حَنْدَقُوق   *nom d'une plante*.

11. Tout nom qui se présente avec deux lettres a subi la suppression d'une lettre.

Ex. :

يَد (pour يَدْي) *main*.

12. Tout nom qui se présente avec plus de sept lettres a subi une augmentation de lettres.

Ex. :

قِرْشَبَّانَة   *nom d'une petite bête*.

13. Cette augmentation consiste toujours en une désinence indiquant le genre, le nombre, l'origine.

FORMES DES NOMS SANS AUGMENTS

14. Les noms sans augments revêtent vingt formes : dix

pour les trilitères, six pour les quadrilitères et quatre pour les quintilitères.

	FORMES	EXEMPLES	
		SUBSTANTIFS :	QUALIFICATIFS :

a) Trilitères :

FORME	SUBSTANTIF		QUALIFICATIF	
فَعْل	كَلْب	chien,	سَهْل	facile,
فَعَل	فَرَس	jument,	حَسَن	beau,
فِعْل	كَتِف	épaule,	فَطِن	perspicace,
فَعُل	رَجُل	homme,	نَدُس	sagace,
فِعَل	حِمْل	fardeau,	نَضْو	exténué,
فِعِل	عِنَب	raisin,	سِيَن	égal,
فِعِل	إِبِل	chameau,	بِلْز	gras,
[فُعْل]	(forme inusitée),			
فُعَل	قُفْل	serrure,	حُلْو	doux,
فُعَل	رُطَب	datte (fraîche),	حُذَع	habile,
[فُعِل]	(forme particulière aux verbes),			
فُعُل	عُنُق	cou.	غُلُق	clos.

b) Quadrilitères :

FORME	SUBSTANTIF		QUALIFICATIF	
فَعْلَل	ثَعْلَب	renard,	سَلْهَب	long,
فِعْلِل	زِبْرِج	parure,	خِرْدِل	sotte,
فِعَلِّ	دِرْهَم	drachme,	هِبْلَع	glouton,
فَعْلَل	قَفْطَر	bibliothèque,	سِبَطْر	allongé,
فُعْلُل	بُرْثُن	griffe,	جُوشَع	
فَعْلَل	جُنْدَب	sorte de *sauterelle*.	جَوْشَع	} grand.

FORMES	EXEMPLES	

c) Quintilitères :

فَعَالِل	سَفَرْجَل *coing,*	شَمَرْدَل *long,*
فَعَالِل	قَبَنْثَر *lion,*	دَوْدَل *gros* (chameau),
فَعَالِل	دِرْطَب *bagatelle,*	جِرْدَل *id.*
فَعَالِل	قَبْنَس *femme* (grande).	جَحْمَرِش *vieille* (femme).

FORMES DES NOMS AVEC AUGMENTS

15. Les noms avec augments revêtent, d'après Sébawaïh et Abou Bekr Zobeïdey, plus de trois cents formes.

16. Dans ces formes, l'augment peut occuper divers rangs. Parmi celles dont il sera question dans la suite, on peut citer les suivantes :

a) Augment au premier rang :

EXEMPLES :

| أَفْعَل | أَفْضَل *excellent,* |
| يَفْعَل | يَرْمَع *caillou.* |

b) Augment au deuxième rang :

فَاعِل	كَاهِل *naissance du cou,*
فَاعَل	خَاتَم *anneau,*
فَوْعَل	جَوْهَر *perle,*
فَيْعَل	صَيْرَف *changeur de monnaie.*

c) Augment au troisième rang : | EXEMPLES :

فَعَالٌ	قَذَالٌ	*occiput,*
فِعَلٌ	كِتَابٌ	*livre,*
فُعَلٌ	غُرَابٌ	*corbeau,*
فَعِيلٌ	رَغِيفٌ	*pain,*
فَعُولٌ	عَمُودٌ	*bâton.*

d) Augment au quatrième rang :

فَعْلَى	شَبْعَى	*rassasiée,*
فُعْلَى	كُبْرَى	*plus grande,*
فَعْلَاءُ	حَمْرَاءُ	*rouge,*
فَعْلَانُ	سَكْرَانُ	*ivre.*

17. Quand l'augment, au troisième rang, est un ا, la voyelle initiale du nom est un *fetha*, un *kesra* ou un *dhemma* ; mais quand cet augment est un ي ou un و, la voyelle initiale est toujours un *fetha* (*c*).

18. Quand l'augment, au quatrième rang, est un ا suivi de l'augment ن, le nom a généralement la forme فَعْلَانُ, s'il est qualificatif ; mais s'il est substantif, il peut, en outre, avoir les formes فِعْلَانُ, فُعْلَانُ, etc. (*d*).

Ex. :

مَرْوَانُ	*Merwan,*
عُثْمَانُ	*Othman,*
رَمَضَانُ	*Ramadhan.*

19. La forme فَعْلَى est le féminin des qualificatifs masculins en فَعْلَانُ.

Ex. : سَكْرَى fém. de سَكْرَانُ *ivre.*

20. La forme فُعْلَى est le féminin des qualificatifs au super-
latif en أَفْعَل.

Ex. :   كُبْرَى   fém. de   أَكْبَر   *plus grand.*

21. La forme فَعْلَاء est le féminin des qualificatifs de couleur
ou de difformité en أَفْعَل.

Ex. :   حَمْرَاء   fém. de   أَحْمَر   *rouge,*

          حَوْلَاء   —   أَحْوَل   *louche.*

FORMES ANNEXES

22. On appelle formes *annexes* celles que l'on obtient par
l'addition d'une lettre ou la réduplication d'une radicale, pour
rendre le trilitère quadrilitère et le quadrilitère quintilitère.

Ex. :

جَدْوَل formé de جَدَل avec addition du و (forme quadrilitère),

فَدَّد   —   de فَد avec réduplication du د (id.   ),

جَحْفَل   —   de جَحْف avec addition du ن (f. quintilitère).

23. Les lettres ainsi ajoutées sont traitées comme radicales.

§ 3. — Généralités sur le pluriel.

24. Le pluriel — *sain* ou *brisé* — est un mot qui exprime
une quantité dont le nombre est supérieur à deux.

PLURIEL SAIN

25. On appelle *pluriel sain* celui dans lequel la forme du
singulier se retrouve intacte.

26. Au masculin, il se forme en ajoutant au singulier ون
ou ين, suivant que le nom est au cas direct ou aux cas indirects.

Ex. :   زَيْدٌ   *Zeïd,*   Pluriel :   زَيْدُونَ

     مُسْلِمٌ   *musulman.*   —   مُسْلِمُونَ

27. Au féminin, il se forme en ajoutant au singulier ـاتٌ ou ـاتِ, suivant que le nom est au cas direct ou aux cas indirects.

Ex. :   هِنْدٌ   *Hend,*   Pluriel :   هِنْدَاتٌ

     مُسْلِمَةٌ   *musulmane.*   —   مُسْلِمَاتٌ

28. Le pluriel masculin sain s'emploie *régulièrement* avec les noms propres masculins d'êtres raisonnables, simples et dépourvus du ة.

Ex. :   أَحْمَدُ   *Ahmed,*   Pluriel :   أَحْمَدُونَ

     إِبْرَاهِيمُ   *Ibrahim.*   —   إِبْرَاهِيمُونَ

29. Il s'emploie encore *régulièrement* avec les qualificatifs des noms masculins d'êtres raisonnables, si ces qualificatifs n'ont ni le féminin en فَعْلَاءُ (**21**) ou فَعْلَى (**19**) ni la forme فَعُولٌ ou فَعِيلٌ, communes aux deux genres.

Ex. :   عَالِمٌ   *savant,*   Pluriel :   عَالِمُونَ

30. Le pluriel féminin sain s'emploie *régulièrement* avec :
1° Les noms masculins ou féminins terminés par ة;

Ex. :   طَلْحَةُ   *Telhah,*   Pluriel :   طَلْحَاتٌ

     فَاطِمَةُ   *Fatémah.*   —   فَاطِمَاتٌ

2° Les noms propres de femmes terminés autrement que par ة;

Ex. :   مَرْيَمُ   *Meriem,*   Pluriel :   مَرْيَمَاتٌ

     زَيْنَبُ   *Zeïneb.*   —   زَيْنَبَاتٌ

3° Les qualificatifs féminins d'êtres irraisonnables ;

Ex. : جَبَلٌ رَاسٍ   *montagne immobile*, Pluriel : جِبَالٌ رَاسِيَاتٌ

بَوْمٌ مَعْدُودٌ   *jour compté.*   —   أَيَّامٌ مَعْدُودَاتٌ

4° Les diminutifs des noms masculins d'êtres irraisonnables ;

Ex. : دُرَيْهِمٌ   *petite drachme,*   Pluriel : دُرَيْهِمَاتٌ

دُفَيْتِرٌ   *petit cahier.*   —   دُفَيْتِرَاتٌ

5° Les noms communs féminins en ة، ـَى، آءَ ـ :

Ex. : غُرْفَة   *chambre (haute),*   Pluriel : غُرُفَاتٌ

بُهْمَى   *nom d'une plante,*   —   بُهْمَيَاتٌ

صَحْرَاءُ   *désert.*   —   صَحْرَاوَاتٌ

31. Les qualificatifs féminins ne forment pas leur pluriel à l'aide de ات، ـَ, si celui de leurs masculins n'est pas en ونَ. En conséquence, on n'emploiera le pluriel féminin sain ni avec les qualificatifs en فَعْلَاءَ féminin de أَفْعَلُ, ni avec ceux en فَعْلَى féminin de فَعْلَانُ.

Ainsi on ne dit pas حَمْرَاوَاتٌ pour pluriel de حَمْرَاءُ, parce que le masculin أَحْمَرُ *rouge* ne fait pas au pluriel أَحْمَرُونَ.

On ne dit pas non plus سَكْرَيَاتٌ pour pluriel de سَكْرَى, parce que le masculin سَكْرَانُ *ivre* ne fait pas au pluriel سَكْرَانُونَ.

32. Tout nom propre ou qualificatif de nom propre et tout nom commun ou qualificatif de nom commun ne réunissant pas *toutes* les conditions indiquées, se mettent *régulièrement* au pluriel brisé.

PLURIEL BRISÉ

33. Le *pluriel brisé* est celui dans lequel la forme du singulier se retrouve rompue réellement ou virtuellement.

34. La rupture *réelle* s'opère de six façons :

1° Par addition de lettres, sans changement de signes ;

Ex. : صِنْو *frère*, Pluriel : صِنْوَان

2° Par suppression de lettres, sans changement de signes ;

Ex. : تُخَمَة *indigestion*, Pluriel : تُخَم

3° Par changement de signes, sans addition ni suppression de lettres ;

Ex. : أَسَد *lion*, Pluriel : أُسْد

4° Par addition de lettres et changement de signes ;

Ex. : رَجُل *homme*, Pluriel : رِجَال

5° Par suppression de lettres et changement de signes ;

Ex. : رَسُول *prophète*, Pluriel : رُسُل

6° Par addition et suppression de lettres et changement de signes ;

Ex. : غُلَام *jeune homme*, Pluriel : غِلْمَان

35. La rupture *virtuelle* s'opère par la substitution fictive d'une forme indiquant le pluriel à une autre forme identique exprimant le singulier.

Ex. : فُلْك *felouque*, Pluriel : فُلْك

دِلَاص *uni, poli*, — دِلَاص

36. En d'autres termes, فُلْك, par exemple, en passant du singulier au pluriel, se dépouille de la forme فُعْل indiquant l'unité pour revêtir une forme identique, فُعْل, exprimant la pluralité.

37. Les formes plurielles résultant de la rupture réelle du singulier sont très variées, savoir :

1.

FORMES DU PLURIEL BRISÉ

I	أَفْعُل		*XV*	فِعَال
II	أَفْعَال		*XVI*	فُعُول
III	أَفْعِلَة		*XVII*	فِعْلان
IV	فِعْلَة		*XVIII*	فُعْلان
V	فُعَل		*XIX*	فُعَلاء
VI	فِعَل		*XX*	أَفْعِلاء
VII	فُعَل		*XXI*	فَوَاعِل
VIII	فِعَل		*XXII*	فَعَائِل
IX	فُعَلَة		*XXIII*	فَعَالِيّ
X	فَعَلَة		*XXIV*	فَعَالَى
XI	فِعَلَى		*XXV*	فَعَالِيّ
XII	فَعَلَة		*XXVI*	فَعَالِل
XIII	فُعَّل		*XXVII*	ـَـَاـِـ
XIV	فِعَال		*XXVIII*	Diverses.

PLURIEL RÉGULIER

38 Le pluriel *régulier* — sain ou brisé — est celui dont le
singulier réunit *toutes* les conditions voulues pour revêtir la
forme de ce pluriel.

Ex. :   زَيْدُونَ   مُسْلِمُونَ   Pluriels sains réguliers.

         أَوْلُس   فَذَلِكَة   Pluriels brisés réguliers.

زَيْدُونَ est régulier, parce que le singulier زَيْدٌ réunit toutes
les conditions énoncées dans la règle du pluriel sain (**28**) : il

est nom propre, il désigne un être mâle et raisonnable, et il est simple et dépourvu du ة.

مُسْلِمُونَ est régulier, parce que le singulier مُسْلِمٌ réunit toutes les conditions énumérées dans la règle du pluriel sain (29) : il qualifie un être mâle et raisonnable, il n'est ni en فَعِلٌ ni en فَعُولٌ ; et il n'a le féminin ni en فَعْلَاءُ ni en فَعْلَى.

أَفْلُسٌ est régulier, parce que le singulier فَلْسٌ remplit toutes les conditions voulues par la règle (I, A) : il a la forme trilitère فَعْلٌ et la seconde radicale forte ; en outre, il n'a ni l'initiale en و ni la finale semblable à la médiale.

أَقْذِلَةٌ est régulier, parce que le singulier قَذَالٌ remplit toutes les conditions voulues par la règle III : il est quadrilitère, sa pénultième est une lettre de prolongation, il est substantif, et il a le genre masculin.

39. Il y a des pluriels réguliers qui sont *inusités* (cf. **41**). Tel est le cas de أَكْتِبَةٌ qui n'a pas été employé comme pluriel de كِتَابٌ *livre*, bien que ce pluriel eût été régulier, d'après la règle III.

PLURIEL IRRÉGULIER

40. Le pluriel *irrégulier* — sain ou brisé — est celui dont le singulier ne réunit pas toutes les conditions voulues pour revêtir la forme de ce pluriel.

Ex. :   أَهْلُونَ أَحَمُّونَ   Pluriels sains irréguliers.
          أَوْجُهٌ أَعْقِبَةٌ   Pluriels brisés irréguliers.

أَهْلُونَ est irrégulier, parce que le singulier أَهْلٌ *famille*, bien qu'il désigne des êtres mâles et raisonnables et qu'il soit simple et dépourvu du ة, n'est pas un nom propre (**28**).

أَحْمَرُونَ est irrégulier, parce que le singulier أَحْمَر *rouge*, bien qu'il puisse qualifier des êtres mâles et raisonnables, et qu'il ne soit ni en فَعِيل ni en فَعُول, a le féminin en فَعْلَاء : حَمْرَاءُ (**29**).

أَرْجُح est irrégulier, parce que le singulier وَجْه *visage*, tout en étant substantif et de la forme trilitère فَعْل, avec la médiale forte et la finale différente de la médiale, a l'initiale en و (I, A).

أَعْقِبَة est irrégulier, parce que le singulier عُقَاب *aigle*, tout en étant substantif et en ayant quatre lettres dont la pénultième est une lettre de prolongation, a le genre féminin (III).

41. Il y a des pluriels irréguliers qui sont *usités* (cf. **39**).

Ex. :	أَهْل	*famille*,	Pluriel :	أَهْلُونَ
	عَالَم	*univers*,	-	عَالَمُونَ
	عُقَاب	*aigle*.		أَعْقِبَة

PETITE PLURALITÉ

42. La *petite pluralité* est celle dont le nombre varie de trois à dix.

43. Elle comprend le pluriel sain indéterminé et ceux des quatre formes brisées : أَفْعُل (I), أَفْعَال (II), أَفْعِلَة (III) et فِعْلَة (IV).

Ex. :	أَكْلُب	Pluriel de :	كَلْب	*chien*,
	أَجْمَال	---	جَمَل	*chameau*,
	أَحْمِرَة	-	حِمَار	*âne*,
	صِبْيَة	--	صَبِيّ	*adolescent*.

44. Le sens de petite pluralité de ces formes résulte de ce qu'elles peuvent se mettre au diminutif, comme si elles représentaient des singuliers.

45. Contrairement à l'opinion de certains grammairiens, فُعَل (VII), فِعَل (VIII), فَعَلَة (XI), فِعَلَة (XII) et أَفْعِلَاء (XX) n'appartiennent pas à la petite pluralité.

GRANDE PLURALITÉ

46. La *grande pluralité* est celle dont le nombre varie de onze à l'infini.

47. Elle comprend le pluriel sain déterminé et ceux des formes brisées, depuis فِعَل, (V) jusqu'à ‐ـ ا ‐‐ (XXVII) inclusivement.

Ex. :   حُمَر   Pluriel de :   أَحَمَر   *rouge,*

قُذَال   —   قَذَال   *occiput.*

48. Le sens de grande pluralité de ces formes résulte de ce qu'elles ne peuvent se mettre au diminutif.

49. En principe, chacune des deux pluralités doit être exprimée à l'aide des formes qui lui sont particulières ; mais l'usage en a quelquefois autrement décidé.

50. Quand un nom n'admet que les formes de petite pluralité, il les emploie pour exprimer la grande pluralité.

Ex. :   رِجَل   *pied,*   Pl. des deux pluralités :   أَرْجُل (I).

عُنُق   *cou,*   —   أَعْنَاق (II).

فُؤَاد   *foie.*   —   أَفْئِدَة (III).

Aucun de ces noms n'admet les formes de grande pluralité.

51. Quand un nom n'admet que les formes de grande pluralité, il les emploie pour exprimer la petite pluralité.

Ex. : رَجُلٌ *homme*, Pl. des deux pluralités : رِجَالٌ (XV).

    قَلْبٌ *cœur*, — قُلُوبٌ (XVI).

    صُرَدٌ *nom d'oiseau*. صِرْدَانٌ (XVII).

Aucun de ces noms ne revêt les formes de petite pluralité.

52. Enfin, un nom qui admet les formes des deux pluralités emploie quelquefois celles de la petite pluralité pour exprimer la grande, et celles de la grande pluralité pour exprimer la petite.

  Ainsi, on a employé أَقْلَامٌ (II), pluriel de petite pluralité pour أَصْفَاءٌ XV, et صُبْيٌّ (XVI), pluriel de grande pluralité pour قَلَمٌ (II).

53. L'usage et le dictionnaire seuls enseignent les noms avec lesquels les rôles des deux pluralités peuvent être intervertis.

PARTICULARITÉS

54. Un nom peut avoir plusieurs formes de pluriel.

Ex. : فَلْسٌ *obole*. Pluriel : أَفْلُسٌ (I), فُلُوسٌ (XVI).

    لِسَانٌ *langue*. (IV) أَلْسُنٌ (I), أَلْسِنَةٌ (III), لُسُنٌ (IV).

Le mot عَبْدٌ, *serviteur*, en revêt un plus grand nombre dont quelques-unes indiquent plutôt des collectivités :

عَبْدُونَ	مَعْبَدَةٌ	أَعْبَادٌ
عَبِيدٌ	مَعَابِدُ	عُبُودٌ
أَعْبُدٌ	عِبْدَاءٌ	عِبْدَةٌ

عِبَاد	عِبِدَّى	عَبَدَة
عُبْدَان	عُبُد	أَعْبِدَة
عِبْدَان	عَبُد	
عِبِدَّان	مَعْبُودَاء	

55. Un pluriel peut à son tour se mettre au pluriel.

Ex. : أَعَابِدُ Pl. de عَبِد Pl. de عَبْد *serviteur*,

أَكَالِبُ — كِلَاب — كَلْب *chien*,

جِمَالَات — جِمَال — جَمَل *chameau*,

صَوَاحِبَات — صَوَاحِب — صَاحِب *compagnon*.

56. Il arrive quelquefois qu'un nom très usité adopte le pluriel de son synonyme peu usité.

Ainsi, خَلِيفَة *vicaire*, plus usité que خَلِيف, prend le pluriel de ce dernier : خُلَفَاء, et non son pluriel propre : خَلَائِف.

De même, تَأْرِيخ *date*, plus usité que تَوْرِيخ, prend le pluriel de ce dernier : تَوَارِيخ, et non son pluriel : propre : تَآرِيخ.

En d'autres termes, quelques pluriels dont les singuliers sont peu usités sont plus employés que ceux dont les singuliers sont fort usités.

PETITE PLURALITÉ

I. — أَفْعَلْ

RÈGLE. — Le pluriel أَفْعَلْ est régulier avec :

A. — Les substantifs trilitères ayant la forme فَعْل et la médiale forte, pourvu qu'ils n'aient ni l'initiale en و ni la finale identique à la médiale ;

B. — Les substantifs quadrilitères féminins dont la pénultième est une lettre de prolongation.

Ex. : *A.*	فَلْس	*obole,*	Pluriel : أَفْلُس
	نَفْس	*âme,*	— أَنْفُس
	شَهْر	*mois,*	أَشْهُر
	نَهْر	*rivière,*	— أَنْهُر
	بَحْر	*mer,*	— أَبْحُر
	حَرْف	*lettre,*	— أَحْرُف
	رَأْس	*tête,*	— أَرْؤُس
	كَلْب	*chien,*	أَكْلُب
B.	عَنَاق	*chevrette,*	أَعْنُق
	ذِرَاع	*avant-bras,*	— أَذْرُع
	عُقَاب	*aigle,*	— أَعْقُب
	يَمِين	*serment.*	— أَيْمُن

NOTES. — A. **1**. Les mots trilitères forment régulièrement leur pluriel sur أَفْعَل :

1° S'ils ont la forme فَعْل ;
2° S'ils sont substantifs ;
3° S'ils ont la médiale forte ;
4° S'ils n'ont pas un و pour initiale ;
5° S'ils ont la finale différente de la médiale.

2. Mais l'emploi de ce pluriel est irrégulier :

1° Si le nom n'a pas la forme فَعْل ;
2° S'il est qualificatif ;
3° S'il a la médiale faible ;
4° S'il a un و pour initiale ;
5° S'il a la finale identique à la médiale.

3. Quand la finale est supprimée (N. P. **11**), elle doit être préalablement rétablie.

Ex. : يَد _main_, Pluriel : اَيْدٍ

4. Quand le trilitère a une tout autre forme que فَعْل (N. P. **14**, _a_), il construit son pluriel sur أَفْعَال (II).

Ex. : جَبَل _montagne_, Pluriel : اَجْبَال

5. Quand le nom est qualificatif, il suit le pluriel فِعَال (XV, _A_).

Ex. : صَعْب _difficile_, Pluriel : صِعَاب

6. Cependant, les qualificatifs devenus substantifs par l'usage forment leur pluriel sur أَفْعُل.

Ex. : عَبْد _serviteur_, Pluriel : أَعْبُد

7. Quand la médiale est faible, on applique le pluriel أَفْعَال (II).

Ex. : ثَوْب _habit_, Pluriel : أَثْوَاب

8. Quand l'initiale est un و, on applique également le pluriel أفعال.

Ex. :   وقت   *moment*.   Pluriel :   أوقات

9   Enfin, quand la finale est identique à la médiale, on applique encore le pluriel أفعال.

Ex. :   جدّ   *aïeul*,   Pluriel :   أجداد

10. Le pluriel أفعل est irrégulier dans les trois cas précédents, parce qu'il donnerait : أثوب (**7**), أوقت **8** et أجدد (**9**), c'est-à-dire une faible affectée d'un *dhemma*, un و suivi d'un *dhemma* et deux lettres identiques et consécutives avec le *dhemma*, ce qui est contraire à l'euphonie.

11. La règle du pluriel أفعل est applicable aux substantifs dont la finale est faible.

Ex. :   دلو   *seau*,   Pluriel :   أدلاء

                  ظبي   *gazelle*.   —   أظب

12. Un grand nombre de substantifs ayant la finale semblable à la médiale emploient le pluriel فعول (XVI).

Ex. :   حدّ   *limite*,   Pluriel :   حدود

13. La règle du pluriel أفعل est ainsi formulée dans l'*Alfyah* : « أفعل est régulier avec les substantifs ayant la forme فعل et la médiale forte. » Cette formule est évidemment incomplète, puisqu'elle rendrait أفعل applicable aux noms tels que وجه *visage* (**8**) et جدّ *aïeul* (**9**).

14. Dans le commentaire de la *Kafyah*, Bnou-Malek paraît plus explicite: il semble, en effet, exclure de la règle les sub-

stantifs commençant par un ـو, suivant en cela l'opinion d'El-
Ferra : « Le pluriel أفعال, dit-il, est plus usité que أفعُل avec
les substantifs dont la première radicale est un ـو. »

Ex. : وَكْر *nid*, Pluriel : أوْكار

وَغْد *valet*. — أوْغاد

15. Il étend ensuite son observation aux substantifs terminés par deux radicales semblables, en ces termes :

« Les substantifs en فَعْل ayant les deux dernières radicales
identiques sont comme ceux dont la première est un ـو, en ce
sens qu'avec eux أفعال est plus usité que أفعُل. »

Ex. : بَرّ *continent*, Pluriel : أبْرار

رَبّ *maître*. — أرْباب

16. Younès donne comme régulier le pluriel أفعُل avec les
substantifs *féminins* en فَعْل.

17. El-Ferra est également pour la régularité de ce pluriel
non seulement avec فَعْل, mais encore avec les cinq formes :
فُعْل, فِعْل, فَعَل, فُعُل et فِعَل, pourvu qu'il s'agisse également de
substantifs *féminins*.

Ex. : قَدَم *pas*. Pluriel : أقْدَم

ضَبُع *hyène*, . . . أضْبُع

قِدْر *marmite*, — أقْدُر

ضِلَع *côte*, — أضْلُع

غُول *ogresse*, — أغْوُل

عُنُق *cou*. — أعْنُق

18. El-Achmouney ne partage pas l'opinion de ces deux

grammairiens. Selon lui, le genre féminin ne saurait dans aucun de ces cas rendre régulier l'emploi de أَفْعُل.

B.   **19**. Les mots quadrilitères ont également pour pluriel régulier أَفْعُل :

1° S'ils sont substantifs;
2° Si leur pénultième est une lettre de prolongation;
3° S'ils sont du genre féminin;
4° S'ils sont dépourvus de la désinence féminine.

20. Mais l'emploi de ce pluriel est irrégulier :
1° Si ces mots sont qualificatifs;
2° Si leur pénultième est mue;
3° S'ils ont le genre masculin;
4° S'ils sont pourvus de la désinence féminine.

21. En d'autres termes, le pluriel أَفْعُل est encore régulier avec les substantifs féminins des formes فَعَال, فِعَال, فَعِيل (N. P. **16**, *c* et **17**).

22. Les substantifs de la forme فَعُول qui fait partie du groupe précédent, suivent le pluriel فَعَائِل (XXII).

Ex. :   دَنُوب   *seau*,   Pluriel :   دَنَائِب

23. Quand le quadrilitère est qualificatif, comme صَنَاع *habile des mains*, le pluriel أَفْعُل ne lui est pas applicable.

24. Quand la pénultième est mue, le pluriel se forme sur فَعَالِل (XXVI).

Ex. :   خَنْصَر   *auriculaire (doigt)*,   Pluriel :   خَنَاصِر

25. Quand le substantif est du masculin, il construit son pluriel sur أَفْعِلَة (III).

Ex. :   حِمَار   *âne*,   Pluriel :   أَحْمِرَة

26. Quand le substantif est terminé par un ة, il le construit sur فَعَائِل (XXII).

Ex. :   سَحَابَة   *nuage*,   Pluriel :   سَحَائِب

27. Le pluriel أَفْعَال n'est pas régulier avec les substantifs dont le ا est précédé d'un nombre de lettres inférieur ou supérieur à deux. Dans le premier cas, on emploie فُعْلَان (XVII); dans le second, فَعَالِيل (XXVI, 8).

Ex. :   جَار   *voisin*,   Pluriel :   جِيرَان

    أُنْبُوب   *tuyau*,   —   أَنَابِيب

ANOMALIES :

وَجْه	*visage*,	Pluriel :	أَوْجُه
عَيْن	*œil*,		أَعْيُن
ثَوْب	*habit*,	—	أَثْوُب
كَفّ	*main*,	—	أَكُفّ
جَبَل	*montagne*,	—	أَجْبُل
أَكَمَة	*colline*,	—	آكُم
سَبُع	*fauve*,	—	أَسْبُع
شِبْل	*lionceau*,	—	أَشْبُل
ضِلَع	*côte*,	—	أَضْلُع
قُفْل	*serrure*,	—	أَقْفُل
عُنُق	*cou*,		أَعْنُق
جِلْف	*insociable*,	—	أَجْلُف
مَكَان	*lieu*,	—	أَمْكُن

شِهَاب	flamme,	Pluriel :	أَشْهُب
غُرَاب	corbeau,	—	أَغْرُب
جَنِين	fœtus,	—	أَجْنُن
دَار	maison,		أَدْؤُر
نَار	feu,		أَنْؤُر
أُنْبُوب	tuyau.		أَنْبُب

OBSERVATION. — Les pluriels féminins أَيْمُن, أَذْرُع, أَعْنُق et leurs analogues sont dépourvus du ة, par analogie avec les noms de nombre féminins qui n'admettent pas cette désinence (cf. III. O) :

ثَلَاث أَعْنُق	trois chevrettes,
خَمْس أَذْرُع	cinq bras,
عَشْر أَيْمُن	dix serments.

II. — أَفْعَال

RÈGLE. — Le pluriel أَفْعَال est régulier avec :

A. — Les substantifs trilitères ayant la forme فَعَل et la médiale faible, ou l'initiale en و, ou la finale identique à la médiale ;

B. — Les substantifs des autres formes trilitères, quelle que soit la nature de leurs lettres.

Ex. : A.	ثَوْب	habit,	Pluriel :	أَثْوَاب
	عَيْن	œil,	—	أَعْيَان

وَقْت	*moment,*	Pluriel :	اوقات
رُبّ	*maître.*	—	أرباب
B. جَمَل	*chameau,*		اجمال
كَتِف	*épaule.*	—	اكتاف
عَضُد	*bras,*	.	اعضاد
حِمْل	*fardeau,*	—	احمال
عِنَب	*raisin,*		اعناب
إِبِل	*chameau,*		آبال
قُفْل	*serrure,*	..	اقفال
رُطَب	*datte fraîche,*		ارطاب
عُنُق	*cou.*	—	اعناق

NOTES. — **1.** En d'autres termes, le pluriel افعال est régulier avec les substantifs trilitères auxquels افعل ne peut s'appliquer régulièrement.

2. Cependant, افعال est rare avec la forme فعل qui adopte généralement le pluriel فعلان (XVII).

Ex. : صُرَد *nom d'oiseau,* Pluriel : صردان

3. Les deux substantifs suivants n'ont pas de pluriel en افعال.

رَجُل *homme* et سُبُع *fauve,* Pluriel : رجال et سباع (XVI).

4. Le *Tesheil* donne افعال comme *rare* avec فعل à médiale faible ; ex. : مال *fortune* ; — *irrégulier* avec فعل ; ex. : رُطَب *datte fraîche* ; — *obligatoire* avec فعل ; ex. إبل *chameau* ; — *plus usité* que tout autre pluriel avec les autres formes trilitères.

5. El-Ferra donne également ce pluriel comme régulier avec les substantifs ayant la forme فِعْل et un *hamza* pour lettre initiale.

Ex. : الْف *mille*,   Pluriel : آلاف

    انف *nez*.   آناف

Anomalies :

  فرخ *poussin*, Pluriel : أفراخ

  زند *briquet*,   — أزناد

  محال *ruse*,   — أمحال

  جفن *œil*,   أجفان

  جلف *rude*,   أجلاف

  حرّ *libre*,   — أحرار

  شهيد *témoin*, — أشهاد

  جاهل *ignorant*, — أجهال

  جنان *cœur*,   أجنان

  عدوّ *ennemi*, — أعداء

  هضب *pluie forte*, — أهضاب

  ضوة *chamelle (faible)*, أنضاء

  بركة *canard*, — أبراك

  نمرة *sorte de vêtement*. — أنمار

Observations. — *I.* Aucun nom en فِعْل n'a formé son pluriel sur أفْعُل. — *II.* Un seul nom en فَعَل : ربع *chameau né au printemps*, suit le pluriel أفْعُل (cf. N. **4**).

III. — أَفْعِلَةٌ.

RÈGLE. — Le pluriel أَفْعِلَةٌ est régulier avec les substantifs quadrilitères masculins dont la pénultième est une lettre de prolongation.

Ex. :   قَذَالٌ   *occiput*.   Pluriel : أَقْذِلَةٌ

          طَعَامٌ   *aliment*,   —   أَطْعِمَةٌ

          حِصَانٌ   *cheval*,   —   أَحْصِنَةٌ

          حِمَارٌ   *âne*,   —   أَحْمِرَةٌ

          غُلَامٌ   *adolescent*,   —   أَغْلِمَةٌ

          غُرَابٌ   *corbeau*,   —   أَغْرِبَةٌ

          رَغِيفٌ   *pain*,   —   أَرْغِفَةٌ

          عَمُودٌ   *bâton*.   —   أَعْمِدَةٌ

NOTES. — **1.** On emploie régulièrement le pluriel أَفْعِلَةٌ ·

1° Si le mot a quatre lettres ;
2° S'il est substantif ;
3° Si sa pénultième est une lettre de prolongation ;
4° S'il est du genre masculin.

2. Mais l'emploi de ce pluriel est irrégulier :
1° Si le mot a plus ou moins de quatre lettres ;
2° S'il est qualificatif ;
3° Si sa pénultième est une lettre mue ;
4° S'il est du genre féminin.

3. Le pluriel أَفْعِلَةٌ est, en d'autres termes, régulier avec les substantifs masculins des cinq formes suivantes : فَعَالٌ, فَعَالٌ, فُعُولٌ et فَعِيلٌ (N. P. *c* et **17**. — Cf. I, B et VI, A).

4. Quand le substantif est trilitère, il forme son pluriel sur d'autres formes, telles que أَفْعَال (II), par exemple.

Ex. : بَاب *porte*, Pluriel : أَبْوَاب

5. Quand il est quintilitère, il le forme sur فَعَالِيل (XXVI, **8**).

Ex. : رَمَضَان *Ramadhan*, Pluriel : رَمَاضِين

6. Quand le quadrilitère est qualificatif, أَفْعِلَة ne lui est pas applicable. Ainsi, شُجَاع *courageux* forme son pluriel sur فُعَلَاء (XIX) : شُجَعَاء.

7. Le substantif quadrilitère dont la pénultième est mue forme son pluriel sur فَعَالِل (XXVI).

Ex. : جَدْوَل *ruisseau*, Pluriel : جَدَاوِل

8. Le substantif quadrilitère dont la lettre de prolongation est au second rang, le forme sur فَوَاعِل (XXI).

Ex. : طَابَق *poêle à frire*, Pluriel : طَوَابِق

9. Si le substantif quadrilitère est féminin, il suit régulièrement le pluriel أَفْعُل (I, B).

Ex. : عَنَاق *chevrette*, Pluriel : أَعْنُق

10. Si le substantif quadrilitère a l'une des deux formes فَعَال et فِعَال, et que sa finale soit forte et différente de l'antépénultième, il peut admettre d'autres formes plurielles, telles que فُعُل (VI).

Ex. : قَذَال Pluriel : قُذُل et أَقْذِلَة

حِمَار — حُمُر — أَحْمِرَة

11. Mais si la finale est faible ou si elle est forte et identique à l'antépénultième, les substantifs de ces deux formes n'admettent généralement que le pluriel أَفْعِلَة.

Ex. : ذِبَاءٌ *sorte de vêtement*, Pluriel : أَذْبِيَةٌ

     فِنَاءٌ *cour*, — أَفْنِيَةٌ

     بَتَاتٌ *provisions*, — أَبِتَّةٌ

     زِمَامٌ *rêne*, — أَزِمَّةٌ

ANOMALIES :

نَجْدٌ *plateau*, Pluriel : أَنْجِدَةٌ

قِدْحٌ *flèche (sans plumes)*, — أَقْدِحَةٌ

بَابٌ *porte*, — أَبْوِبَةٌ

جِزَّةٌ *toison*, — أَجِزَّةٌ

جِرْوٌ *peuplade*, — أَجْرِيَةٌ

قِنٌّ *esclave*, — أَقِنَّةٌ

خَالٌ *oncle maternel*, — أَخْوِلَةٌ

قَفَا *nuque*, — أَقْفِيَةٌ

شَحِيحٌ *avare*, — أَشِحَّةٌ

ظَنِينٌ *suspect*, — أَظِنَّةٌ

جَائِزٌ *poutre*, — أَجْوِزَةٌ

نَاحِيَةٌ *contrée*, — أَنْجِيَةٌ

رَمَضَانُ *Ramadhan*, — أَرْمِضَةٌ

نَضْضَةٌ *pluie faible*. — أَنِضَّةٌ

عُقَابٌ *aigle*. — أَعْقِبَةٌ

OBSERVATION. — La forme de *petite pluralité* أَفْعِلَة, bien qu'elle soit particulière aux masculins, est terminée par la désinence féminine ة, par analogie avec les noms de *petits nombres* qui veulent cette désinence au masculin (cf. I, O).

ثلاثة أحصنة	*trois chevaux,*
خمسة أحمرة	*cinq ânes,*
عشرة أعمدة	*dix bâtons.*

IV. — فَعَلَة

RÈGLE. — Le pluriel فَعَلَة est *usité* avec les noms des six formes : فَعِيل، فُعَال، فَعَال، فُعَال، فُعْل، فَعْل.

Ex. :			Pluriel :	
شيخ	*chef,*			شِيَخَة
فتى	*adolescent,*			فِتْيَة
ثني	*sous-chef,*	—		ثِنْيَة
غزال	*gazelle,*			غِزْلَة
غلام	*jeune homme,*	—		غِلْمَة
صبي	*jeune garçon.*	—		صِبْيَة

NOTES. — **1**. Le caractère de ce pluriel est de ne s'employer régulièrement avec aucune catégorie de noms.

2. Ce caractère a fait dire à Abou-Bekr-Bnou-Serradj que فَعَلَة est une forme de *collectivité* et nom de pluralité.

3. Quand on rencontre un pluriel de la forme فَعَلَة, on peut être certain que le singulier appartient à l'une des six formes données ci-dessus.

4. L'usage et le dictionnaire seuls indiquent les noms auxquels il convient de donner ce pluriel.

5. Autres exemples du pluriel فِعْلَة : ثِيَرَة, إِخْوَة, وِلْدَة, جِلَّة, عِلْيَة, pluriels de ثَوْر *bœuf*, أخ *frère*, وَلَد *enfant*, جَلِيل *respectable*, عَلِيّ *illustre*.

Observation. — ثَنِي, pour ثَانٍ, désigne le second dans l'ordre hiérarchique, tel qu'un vizir par rapport au sultan.

GRANDE PLURALITÉ

V. — فُعْلٌ.

RÈGLE. — Le pluriel فُعْلٌ est régulier avec tout qualificatif de la forme أَفْعَلُ ayant le féminin en فَعْلَاءُ, et avec tout qualificatif de la forme فَعْلَاءُ ayant le masculin en أَفْعَلُ.

Ex. :	أَحْمَرُ	rouge,	Fém.	حَمْرَاءُ	Pl. com. :	حُمْرٌ
	أَكْحَلُ	noir,	—	كَحْلَاءُ	—	كُحْلٌ
	أَصْفَرُ	jaune,	—	صَفْرَاءُ	—	صُفْرٌ
	أَزْرَقُ	bleu,	—	زَرْقَاءُ	—	زُرْقٌ
	أَخْضَرُ	vert,	—	خَضْرَاءُ	—	خُضْرٌ
	أَسْمَرُ	brun,	—	سَمْرَاءُ	—	سُمْرٌ
	أَحْدَبُ	bossu,	—	حَدْبَاءُ	—	حُدْبٌ
	أَعْوَرُ	borgne,	—	عَوْرَاءُ	—	عُورٌ
	أَعْمَى	aveugle.	—	عَمْيَاءُ	—	عُمْيٌ

NOTES. — **1.** Les mots forment régulièrement leur pluriel sur فُعْلٌ :

1° S'ils sont qualificatifs :

2° S'ils ont la forme أَفْعَلُ avec le féminin en فَعْلَاءُ ;

3° S'ils ont la forme فَعْلَاءُ avec le masculin en أَفْعَلُ.

2. Ils forment autrement leur pluriel :

1° S'ils sont substantifs ;

2° S'ils ont la forme أَفْعَلُ sans féminin en فَعْلَاءُ ;

3° S'ils ont la forme فَعْلَاءُ sans masculin en أَفْعَلُ.

3. L'emploi du pluriel فُعْل est donc régulier avec tout qualificatif *usité aux deux genres* et ayant le masculin en أَفْعَل et le féminin en فَعْلَاء. Autrement dit : أَحْمَر, par exemple, fait au pluriel حُمْر, parce que son féminin est en فَعْلَاء : حَمْرَاء ; et حَمْرَاء fait au pluriel حُمْر, parce que son masculin est en أَفْعَل : أَحْمَر.

4. Si les noms en أَفْعَل et en فَعْلَاء sont substantifs, ils forment leur pluriel, les premiers sur ـَ ا ـِ (XXVII), et les seconds sur فَعَالِي (XXIII) ou فَعَالَى (XXIV).

Ex. : أَحْمَد *Ahmed*,   Pluriel : أَحَامِد

        صَحْرَاء *désert*.   --   صَحَارَى et صَحَارٍ

5. Si le qualificatif en أَفْعَل a le féminin en فُعْلَى, il forme son pluriel sur ـَ ا ـِ (XXIII).

Ex. : أَفْضَل *excellent*, Pluriel : أَفَاضِل

6. Quand un qualificatif usité à un genre ne l'est pas à l'autre, en raison d'une incompatibilité *naturelle*, il emploie régulièrement le pluriel فُعْل.

Ex. : أَكْمَر et آدَر   Pluriel : كُمْر et أُدْر
        عَفْلَاء et رَتْقَاء -- عُفْل et رُتْق

7. Quand, au contraire, le qualificatif n'est inusité à l'un des deux genres que par suite d'une simple *négligence d'usage*, le pluriel فُعْل ne lui est pas applicable. Ainsi, le masculin آلَى et le féminin عَجْزَاء ne font pas au pluriel أُلْى et عُجْز, parce qu'on a *négligé* d'employer le féminin du premier : الْيَاء, et le masculin du second : أَعْجَز, bien que l'emploi de ces deux mots eût été correct.

8. Khaled El-Azharey rapporte dans le *Tesreih* qu'on a dit quelquefois : رَجُلٌ اَحْمَرُ et اِمْرَأةٌ الَيْـئَـة, et il en conclut que les pluriels حُمْرٌ et الُيَ sont réguliers.

9. Le pluriel فُعْلٌ est donné comme régulier dans le *Tesheil*, et comme irrégulier dans le commentaire sur la *Kâfyah*, aux qualificatifs inusités à l'un des deux genres pour cause de *négligence d'emploi*.

TRANSFORMATION DE فُعْل EN فِعْل ET EN فُعُل

10. Quand la seconde radicale de فُعْل est un ع, l'euphonie veut que le *dhemma* soit remplacé par le *kesra*.

Ex. : أَبْيَضُ *blanc*,   Pluriel : بِيضٌ et non بُيضٌ

11. Quand la seconde et la troisième radicale sont fortes et dissemblables, on peut, *en poésie*, substituer un *dhemma* au sekoun de فُعْل.

Ex. وَأَنْكَرَتْنِي ذَوَاتُ الْعُيُونِ النُّجُلِ   —   نُجُل pour نُجْل.

12. Quand la seconde ou la troisième radicale sont faibles ou quand elles sont fortes et identiques, فُعْل conserve son sekoun.

Ex. : أَسْوَدُ *noir*,   Pluriel : سُودٌ et non سُوْدٌ

أَعْمَى *aveugle*,   —   عُمْيٌ — عُمُيٌ

أَغَرُّ *beau*.   —   غُرٌّ — غُرُرٌ

ANOMALIES :

وَرْدٌ *roux*,   Pluriel : وُرْدٌ

سَقْفٌ *toit*.   —   سُقُفٌ

VI. — فُعُل.

RÈGLE. — Le pluriel فُعُل est régulier avec :

A. — Les substantifs quadrilitères des deux genres ayant pour pénultième une lettre de prolongation et pour finale une forte, différente de l'antépénultième, au cas où la lettre de prolongation est un ا;

B. — Les qualificatifs actifs de la forme فَعُول.

Ex. : A.

			Pluriel :	
قَذَال	m. *occiput*,			قُذُل
اتَان	f. *ânesse*,			أُتُن
حِمَار	m. *âne*,	—		حُمُر
ذِرَاع	f. *bras*,	—		ذُرُع
فِرَاد	m. *trayon*,	—		فُرُد
كُرَاع	f. *pied*,	—		كُرُع
قَصِيب	m. *baguette*,	—		فُضُب
كَثِيب	f. *dune*,	—		كُثُب
عَمُود	m. *bâton*,	—		عُمُد
قَلُوص	f. *jeune chamelle*,	—		قُلُص
B.	صَبُور	*patient*,	—	صُبُر
	فَجُور	*pervers*,	—	فُجُر
	غَيُور	*jaloux*.	—	غُيُر

NOTES. — **1.** Un mot forme régulièrement son pluriel sur فُعَل :

1° S'il a quatre lettres;

2° S'il est substantif;

3° S'il a une lettre de prolongation :

4° S'il a cette lettre pour pénultième :

5° S'il a la finale forte :

6° Si, la lettre de prolongation étant ا, la finale est différente de l'antépénultième.

2. Le pluriel فُعَّل est, au contraire, irrégulier :

1° Si le mot a plus ou moins de quatre lettres ;

2° S'il est qualificatif :

3° S'il n'a pas de lettre de prolongation ;

4° Si cette lettre n'est pas la pénultième :

5° Si la finale est faible ;

6° Si, la lettre de prolongation étant un ا, la finale est identique à l'antépénultième.

3. La règle A concerne donc les substantifs quadrilitères masculins et féminins ayant une lettre de prolongation au troisième rang et dont les formes se réduisent à فُعَّال, فِعَال, فَعَّال, فِعِل, فُعُول (N. P., **16**).

4. Quand le substantif a moins de quatre lettres, il forme son pluriel sur d'autres formes, telles que فُعْلَان (XVII).

Ex. : تَاج _diadème_, Pluriel : تِيجَان

5. Quand il a plus de quatre lettres, il le forme sur فَعَالِيل XXVI. 8.

Ex. : قِنْطَار _quintal_, Pluriel : قَنَاطِير

6. Quand le quadrilitère est qualificatif, il suit d'autres pluriels, tels que فُعَلَاء (XIX).

Ex. : جَبَان _poltron_, Pluriel : جُبَنَاء

7. Si le substantif quadrilitère est sans lettre de prolongation, il suit le pluriel فَعَالِل (XXVI).

Ex. : بِنْصُر *annulaire (doigt),*   Pluriel : بَنَاصِر

8. Si la lettre de prolongation est au second rang, il emploie le pluriel فَوَاعِل (XXI).

Ex. : دَانِق *voleur,*   Pluriel : دَوَانِق

9. Les substantifs en فُعَال et فِعَال avec une finale faible ne
construisent pas leur pluriel sur فُعُل, autrement les règles de
permutation transformeraient فُعُل en فِعَل, forme inusitée dans les
noms (N. P. **14**, *a*). On emploie alors أَفْعِلَة (III) ou فَعَائِل (XXVI).

Ex. : سِقَاء (pour سِقَى) *outre.*   Pluriel : أَسْقِيَة

     سَمَاء (pour سَمَاو) *ciel.*   —   سَمَائِع

10. Ceux des mêmes formes avec une finale identique à
l'antépénultième ne construisent pas non plus leur pluriel sur
فُعُل, car si l'on disait خُلُل pour pluriel de خِلَال *perforateur,* il
faudrait ou contracter les deux lettres semblables, ce qui amènerait une confusion dans la forme, ou articuler avec le *dhemma*
deux lettres identiques et consécutives, ce qui est contraire à
l'euphonie. Dans ce cas, on a recours aux deux pluriels précédents :

Ex. :   بَنَان *doigt,*   Pluriel : أَبِنَّة

        هِلَال *croissant.*   —   أَهَالِيل

11. Ceux en فُعَال ont donné lieu à une controverse. Avec
eux, le pluriel فُعُل serait régulier, d'après le commentaire sur la
Kafyah; et rare, c'est-à-dire irrégulier, d'après le *Tesheil*.

12. El-Achmouney trouve juste cette dernière manière de voir, car, ajoute-t-il, on ne dit ni غُرُب pour pluriel de غُرَاب ni عُقُب pour celui de عُقَاب.

13. Toutefois, cet auteur estime que si l'on admettait la régularité de فُعُل avec فَعَال, il faudrait limiter la règle aux substantifs dont la finale est forte et différente de l'antépénultième (R).

Ex. :　　　كُرَاع　*pied*,　　　Pluriel :　　　كُرُع

　　　　　　قُرَاد　*trayon*.　　　—　　　　　قُرُد

14. Les substantifs en فَعِيل et فَعُول revêtent le pluriel فُعُل, même au cas où la finale est identique à l'antépénultième.

Ex. :　　　سَرِير　*lit*,　　　Pluriel :　　　سُرُر

　　　　　　ذَلُول　*docile*.　　　—　　　　　ذُلُل

15. Quand la finale est forte et différente de l'antépénultième, le pluriel فُعُل est régulier, quelle que soit la lettre de prolongation.

Ex. :　　　طَرِيق　*chemin*,　　　Pluriel :　　　طُرُق

　　　　　　كِتَاب　*livre*,　　　　　　　　كُتُب

　　　　　　أَتُون　*fournaise*.　　　—　　　أُتُن

16. Les substantifs en فَعِيل et فَعُول emploient le pluriel فُعُل, moins souvent, lorsque les deux dernières radicales sont semblables.

17. Ceux en فِعَال, فَعَال et فُعَال l'emploient, dans le même cas, moins souvent encore que ceux en فَعِيل et فَعُول.

TRANSFORMATION DE فُعُل EN فُعْل ET فِعْل

18. Quand la seconde radicale de فُعُل est un و, son *dhemma* doit être supprimé *en prose*.

Ex. :   سِوَار   *bracelet*,   Pluriel : سُوَر   et non سُوُر
سِوَاك   *cure-dent*,   —   سُوك   —   سُوُك
خِوَان   *table*.   —   خُون   —   خُوُن

19. Quand la seconde radicale est un ي, la suppression du *dhemma* est facultative; mais quand elle a lieu, elle entraîne toujours le changement du *dhemma* initial en *kesra*.

Ex. :   سَيَال   *nom d'un arbuste*,   Pluriel : سِيل   ou سُيُل
عِيَان   *soc de charrue*.   —   عِين — عُيُن

20. Enfin, quand la seconde radicale est forte et différente de la troisième, la suppression du *dhemma* est encore facultative; mais quand elle a lieu, elle n'entraîne jamais le changement du *dhemma* initial en *kesra*.

Ex. :   قَذَال   Pluriel : قُذْل   ou قُذُل
حِمَار   —   حُمْر — حُمُر
كُرَاع   —   كُرْع — كُرُع

B. — **21.** Le pluriel فُعْل s'emploie encore régulièrement avec les qualificatifs :
1° S'ils ont la forme فَعُول ;
2° S'ils ont le sens actif.

22. Il est irrégulier avec les qualificatifs :
1° S'ils n'ont pas la forme فَعُول ;
2° S'ils ont le sens passif.

23. Quand le qualificatif passif a, par exemple, la forme
فَعِيل, au lieu de فَعُول, on emploie une autre forme de pluriel,
telle que فَعْلَى XI).

Ex. :   فَتِيل *tué*,   Pluriel : قَتْلَى

24. Quand le qualificatif en فَعُول a le sens passif, on emploie
le pluriel فَعَائِل XXII.

Ex. :   رَكُوب *monture*,   Pluriel : رَكَائِب

25. Dans certaines régions des Banou-Tameime et des Banou-
Kelb, on substitue un *fetha* au *dhemma* médial de فُعُل, quand
ce pluriel a ses deux dernières radicales semblables.

Ex. :   ذَلُول *docile*,   Pluriel : ذُلَل   ou   ذُلُل

           جَدِيد *nouveau*.   —   جُدَد — جُدُد

26. Cette substitution peut avoir lieu aussi bien dans les
substantifs que dans les qualificatifs.

ANOMALIES :

حِجَاج *nom d'un os*,	Pluriel :	حُجُج
عِنَان *rêne*,	—	عُنُن
سَقْف *toiture*,	—	سُقُف
سِتْر *rideau*,	—	سُتُر
خَشَبَة *poutre*,	—	خُشُب
نَمِر *panthère*,	—	نُمُر
نَصَف *d'âge moyen*,	—	نُصُف
خَشِن *rude (au toucher)*,	—	خُشُن
بَازِل *âgé de 8 ans (chameau)*,	—	بُزُل

صَنَاع *habile des mains,* Pluriel : صَنَع

نَذِير *avertisseur,* — نُذُر

نَجِيب *noble, de belle race.* — نُجُب

OBSERVATIONS. — I. D'après ce qui précède, la VI° forme plurielle se prononce de quatre façons : فَعَل, **18** , فَعَل *B* , فُعُل (**19**) et فِعَل (**25**).

II. Il ne faut pas confondre فِعَل (VI) avec فَعَل (V, **11**), ni فُعُل (VI, **18**) avec فُعُل (V), ni فِعَل (VI, **19**) avec فَعَل (V, **10**), ni فُعَل (VI, **25**) avec فُعَل (VII).

VII. — فُعَل.

RÈGLE. — Le pluriel فُعَل est régulier avec :

A. — Les substantifs de la forme فُعْلَة ;

B. — Les qualificatifs en فُعْلَى féminin de أَفْعَل.

Ex. : A. قُرْبَة *œuvre pie,* Pluriel : قُرَب

غطْعَة *parcelle de terre,* — قُطَع

جُمْلَة *phrase, total,* — جُمَل

غُرْفَة *chambre (haute),* — غُرَف

بُرْمَة *marmite (en terre),* — بُرَم

بُرْقَة *terrain pierreux,* — بُرَق

حُجْزَة *coulisse (de pantalon),* — حُجَز

تُحْفَة *présent, cadeau,* — تُحَف

B.   كُبْرَى   *plus grande,*   —   كَبُرَ

       صُغْرَى   *plus petite.*   —   صَغُرَ

NOTES. — A. **1.** Les mots forment régulièrement leur pluriel sur فَعَل :

1° S'ils ont la forme فَعْلَة ;
2° S'ils sont substantifs.

2. Ils forment autrement leur pluriel :

1° S'ils n'ont pas la forme فَعْلَة ;
2° S'ils sont qualificatifs.

3. Quand le substantif a, par exemple, la forme فِعْلَة, au lieu de فَعْلَة, il forme son pluriel sur فِعَل (VIII).

Ex. :   قِرْبَة   *outre,*   Pluriel :   قِرَب

4. Les qualificatifs en فَعْلَة, avec un ة aux deux genres, sont rares et n'admettent pas le pluriel فَعَل.

5. Les substantifs susceptibles de revêtir le pluriel فَعَل, peuvent avoir la troisième radicale faible ou semblable à la seconde (cf. VIII, **5**).

Ex. :   مُدْيَة   *coutelas,*   Pluriel :   مُدًى

         حُجَّة   *argument.*   —   حُجَج

6. L'*Alfyah* et la *Kafyah* donnent فَعَل comme régulier avec les substantifs en فَعْلَة ; le *Tesheil* l'étend à ceux en فُعْلَة.

Ex. :   جُمْعَة   *vendredi,*   Pluriel :   جُمَع

7. Si le nom de cette dernière forme est qualificatif, il se met au pluriel sain (N. P., **27**).

Ex. :   شُلَّة   *agile,*   Pluriel :   شُلَّاتٌ

8. Selon El-Ferra, le pluriel فُعَل serait également applicable aux substantifs en فَوْلَة et aux supins en فُعْلَى (cf. VIII, **6** et XV, *A*, **1**).

Ex. : جَوْزَة *noix,* Pluriel : جَوْز

رِجْعَى *retour.* — رَجَع

9. Selon El-Mobarred, le même pluriel serait encore applicable aux substantifs *féminins* en فَعَل (cf. VIII, **7**).

Ex. : جَمَل *Djoml,* Pluriel : جَمَل

10. Quelques substantifs réunissant les deux conditions voulues (N. **1**) pour revêtir le pluriel فُعَل, revêtent فِعَل (cf. VIII, **9**).

Ex. : صُورَة *image,* Pluriel : صُوَر et صِوَر

قُوَّة *force.* — قُوًى — قِوًى

B. — **11.** Les mots forment encore régulièrement leur pluriel sur فُعَل :

1° S'ils sont qualificatifs ;
2° S'ils ont la forme فَعْلَى ;
3° S'ils ont le masculin en أَفْعَل.

12. Ils forment autrement leur pluriel :

1° S'ils sont substantifs ;
2° S'ils n'ont pas la forme فَعْلَى ;
3° S'ils n'ont pas le masculin en أَفْعَل.

13. Quand le nom en فَعْلَى est substantif, son pluriel se forme sur فَعَالِى (XXIII) ou فَعَالِل (XXIV).

Ex. : فَتْوَى *solution juridique,* Pluriel : فَتَاوَى et فَتَاوٍ

14. Quand le qualificatif a, par exemple, la forme فَعْلَى, au lieu de فُعْلَى, son pluriel se forme sur فِعَالٌ (XV, **6**).

Ex. : عَطْشَى *altérée*,   Pluriel : عِطَاشٌ

15. Quand le qualificatif féminin en فَعْلَى n'a pas de masculin en أَفْعَل, il revêt le pluriel فَعَالِيُّ (XXIII) ou فَعَالِي (XXIV).

Ex. : حُبْلَى *enceinte*,   Pluriel : حَبَالَى ou حَبَالِيُّ

ANOMALIES :

دَوْلَة	*dynastie*,	Pluriel :	دُوَل
تُخَمَة	*indigestion*,	—	تُخَم
نَقُوق	*grenouille*,	—	نَقَق
بُهَمَة	*intrépide*.	—	بُهَم

OBSERVATION. — Le pluriel فُعَل est commun à فُعْلَة et à فُعْلَى, parce que ces deux formes sont analogues : elles ne diffèrent l'une de l'autre que par la nature de la désinence féminine.

VIII. — فِعَلٌ.

RÈGLE. — Le pluriel فِعَل est régulier avec les substantifs de la forme فَعْلَة.

Ex. :	قِرْبَة *outre*,	Pluriel :	قِرَب
	قِطْعَة *portion*,	—	قِطَع
	حِرْفَة *profession*,	—	حِرَف
	خِرْبَة *masure*,	—	خِرَب
	سِلْعَة *marchandise*,	—	سِلَع

كِسْرَة *fragment,* Pluriel : كِسَر

لِقْحَة *chamelle,* — أَلْقُح

نِعْمَة *faveur.* — نِعَم

NOTES. — **1**. Les mots forment régulièrement leur pluriel sur فَعَل :

1º S'ils ont la forme فِعْلَة ;

2º S'ils sont substantifs.

2. Ils forment autrement leur pluriel :

1º S'ils n'ont pas la forme فِعْلَة ;

2º S'ils sont qualificatifs.

3. Quand le substantif a, par exemple, la forme فُعْلَة, au lieu de فِعْلَة, il forme son pluriel sur فُعَل (VII).

Ex. : قُرْبَة *œuvre pie,* Pluriel : قُرَب

4. Si, au lieu d'être substantif, le nom en فُعْلَة était qualificatif, ce qui est très rare, puisque certains grammairiens ont contesté l'existence de ces qualificatifs, il conserverait au duel et au pluriel la forme du singulier, comme l'a dit Bnou-Seyed dans le *Mokhassès* (cf. VII, **4**).

5. Les substantifs susceptibles de recevoir le pluriel فُعَل peuvent avoir la troisième radicale faible ou semblable à la seconde (cf. VII, **5**).

Ex. : مِرْيَة *querelle,* Pluriel : مِرًى

حِجَّة *pèlerinage.* — حِجَج

6. Selon El-Ferra, le pluriel فُعَل serait également applicable aux substantifs en فَيْلَة et aux supins en فُعَلَى, (cf. VII, **8**, et XV, **4**, **1**).

Ex. :   صَنْعَة *profession*,   Pluriel :   صِنَع

             ذِكْرَى *avertissement*. —   ذِكَر

7. Selon El-Mobarred, le même pluriel serait encore applicable aux substantifs féminins en فِعْلَى (cf. VII, **9**).

Ex. :   هِنْد *Hend*,   Pluriel :   هِنَد

8. Quelques substantifs réunissant les deux conditions voulues (N. **1**) pour revêtir فُعَل, revêtent فِعَل (cf. VII, **10**).

Ex. :   لِحْيَة *barbe*,   Pluriel :   لِحًى et لُحًى

Anomalies :

Ex. :   قِشْعَة *peau usée*,   Pluriel :   قِشَع

             هِدْم *habit râpé*,   —   هِدَم

             جَفْنَة *écuelle*,   —   جِفَن

             مِعْدَة *estomac*,   مِعَد

             صِمَّة *brave*,   —   صِمَم

             ذِرْبَة *criard*.   —   ذِرَب

Observations. — I. El-Farédhey pense que l'emploi de فُعَل pour فُعُل (VII, **10**) et de فِعَل pour فِعْل (VIII, **8**) a lieu exclusivement avec les noms ayant un و ou un ي pour troisième radicale.

II. Le pluriel فِعَل n'a été donné à aucun nom commençant par un ي, tel que يَعْرُ *chevreau pour attirer le lion*, et son féminin يَعْرَة (cf. XV, R. A).

IX. — فَعَلَة.

RÈGLE. — Le pluriel فَعَلَة est régulier avec les qualificatifs en فَاعِل ayant une faible pour troisième radicale et se rapportant à des noms masculins d'êtres raisonnables.

Ex. :	قَاضٍ	juge,	Pluriel :	قَضَاة
	رَامٍ	archer,	-	رُمَاة
	غَازٍ	envahisseur,	—	غُزَاة
	عَارٍ	dépouillé,	—	عُرَاة
	نَحْوٍ	grammairien,	—	نُحَاة
	وَاشٍ	délateur,	—	وُشَاة
	وَالٍ	gouverneur.	—	وُلَاة

NOTES. — **1.** Les mots construisent régulièrement leur pluriel sur فَعَلَة :

1° S'ils ont la forme فَاعِل ;
2° S'ils ont une *faible* pour troisième radicale ;
3° S'ils sont qualificatifs ;
4° S'ils qualifient des noms masculins ;
5° Si ces noms masculins désignent des êtres raisonnables.

2. Ils construisent leur pluriel sur d'autres formes :

1° S'ils n'ont pas la forme فَاعِل ;
2° S'ils ont une *forte* pour troisième radicale ;
3° S'ils sont substantifs ;
4° S'ils qualifient des noms féminins ;
5° S'ils qualifient des noms masculins d'êtres irraisonnables.

3. Quand le qualificatif a toute autre forme que فَاعِل, telle que فَعِيل, par exemple, il forme son pluriel sur أَفْعِلَاءُ (XX).

Ex. :   غَنِيّ   *riche*,   Pluriel :   أَغْنِيَاءُ

4. Quand le qualificatif a la troisième radicale forte, il le forme sur فَعَلَة (XX).

Ex. :   كَامِل   *complet*.   Pluriel :   كَمَلَة

5. Quand le nom est substantif, il le forme sur فَوَاعِل (XXI).

Ex. :   بَازٌ   *faucon*,   Pluriel :   بَوَازٌ

6. Quand le qualificatif se rapporte à un nom féminin, il le forme également sur فَوَاعِل (XXI).

Ex. :   عَادِيَة   *hostile*,   Pluriel :   عَوَادٍ

7. Enfin, quand le qualificatif se rapporte à un nom masculin d'être irraisonnable, il le forme encore sur فَوَاعِل (XXI).

Ex. :   ضَارٍ   *carnassier*,   Pluriel :   ضَوَارٍ

ANOMALIES :

كَمِيّ	*brave*,	Pluriel :	كُمَاة
عَدُوّ	*ennemi*,	—	عَدَاة
عُرْيَان	*nu*,	—	عُرَاة
هَادِر	*vil*,	—	هُدَرَة
وَادٍ	*vallée*.	—	وُدَاة

OBSERVATIONS. — 1. On a prétendu que le pluriel فُعَلَة est le même que فَعَلَة (X) dont le *fetha* a été remplacé par un *dhemma* pour indiquer que la troisième radicale est faible.

II. Dans son commentaire sur la *Chafyah*, El-Djarbardey dit que « le *dhemma* du pluriel فُعَلَة sert à distinguer ce pluriel de la forme identique indiquant le singulier. Ex. : فَتَاة *jeune fille*. »

X. — فَعَلَة.

RÈGLE. — Le pluriel فَعَلَة est régulier avec les qualificatifs en فَاعِل ayant une forte pour troisième radicale et se rapportant à des noms masculins d'êtres raisonnables.

Ex. :	كَامِل	*complet*,	Pluriel :	كَمَلَة
	كَافِر	*mécréant*,	—	كَفَرَة
	سَاحِر	*sorcier*,	—	سَحَرَة
	سَافِر	*voyageur*,	—	سَفَرَة
	وَارِث	*héritier*.	—	وَرَثَة
	خَائِن	*traître*,	—	خَوَنَة
	بَارّ	*pieux*.	—	بَرَرَة

NOTES. — **1.** Le pluriel des mots se construit sur فَعَلَة :
1º S'ils ont la forme فَاعِل ;
2º S'ils ont une *forte* pour troisième radicale ;
3º S'ils sont qualificatifs ;
4º S'ils qualifient des noms masculins ;
5º Si ces noms masculins désignent des êtres raisonnables.

2. Il se construit sur d'autres formes :
1º Si les mots n'ont pas la forme فَاعِل ;
2º S'ils ont une *faible* pour troisième radicale ;
3º S'ils sont substantifs ;

4° S'ils qualifient des noms féminins;

5° S'ils qualifient des noms masculins d'êtres irraisonnables.

3. Quand le qualificatif a toute autre forme que فَاعِل, telle que فَعِيل, par exemple, il forme son pluriel sur فُعَلَاءُ (XX).

Ex. : ظَرِيف *galant*.   Pluriel : ظُرَفَاءُ

4. Quand le qualificatif a la troisième radicale faible, il suit le pluriel فَعَلَة (IX).

Ex. : قَاضٍ *juge*,   Pluriel : قُضَاةٌ

5. Quand le nom est substantif, il suit le pluriel فَوَاعِل (XXI).

Ex. : كَاهِل *garrot*,   Pluriel : كَوَاهِل

6. Quand le qualificatif se rapporte à un nom féminin, il suit également فَوَاعِل (XXI).

Ex. : طَالِق *répudiée*,   Pluriel : طَوَالِق

7. Enfin, quand le qualificatif se rapporte à un nom masculin d'être irraisonnable, il forme encore son pluriel sur فَوَاعِل (XXI).

Ex. : ضَارِب *frappeur*,   Pluriel : ضَوَارِب

8. En définitive, فَعَلَة et فَعَلَة (IX) s'appliquent, le premier, aux qualificatifs dont la seconde radicale est forte ; et le second, à ceux dont la même radicale est faible. Les quatre autres conditions sont les mêmes pour les deux pluriels.

ANOMALIES :

سَيِّد	*seigneur*,	Pluriel :	سَادَة
نَاعِق	*croassant*,	—	نَعَقَة
خَبِيث	*méchant*,	—	خَبَثَة
بَرّ	*pieux*.	—	بَرَرَة

Observation. — Les grammairiens ne sont pas d'accord sur la forme réelle de سَكْرَى. Quelques-uns proposent فُعْلَى : سُكَيْرَى ; ceux de Coufa, فُعْلَى : سُكَيْرَى ; et ceux de Bassora, فَعْلَى : سُكَيْرَى. Cette dernière opinion a prévalu sur les autres.

XI. — فَعْلَى

Règle. — Le pluriel فَعْلَى est régulier avec les qualificatifs passifs ayant la forme فَعِيل et le sens d'un événement fâcheux.

Ex. : قَتِيل *tué*, Pluriel : قَتْلَى

صَرِيع *abattu*, صَرْعَى

جَرِيح *blessé*, جَرْحَى

أَسِير *captif*, — أَسْرَى

Notes. — **1.** Les mots forment régulièrement leur pluriel sur فَعْلَى :

1º S'ils ont la forme فَعِيل ;
2º S'ils sont qualificatifs ;
3º S'ils ont le sens passif ;
4º S'ils expriment quelque chose de fâcheux.

2. On emploie d'autres formes de pluriel :

1º Si les mots n'ont pas la forme فَعِيل ;
2º S'ils sont substantifs ;
3º S'ils ont le sens actif (sauf فَعِيل du nº **4**) ;
4º S'ils n'expriment rien de fâcheux.

3. Il faut entendre par *événement fâcheux* tout péril, toute souffrance, toute dispersion, et, en général, toute *diminution* survenue dans l'état habituel d'un individu.

4. Par analogie, le pluriel فَعْلَى s'emploie encore avec les qualificatifs des six formes suivantes, quand ils expriment un sens fâcheux : فَعِيل (actif), فَعِل, فَاعِل, فَيْعِل, أَفْعَل et فَعْلَان.

Ex.	مَرِيض	*malade*,	Pluriel :	مَرْضَى
	زَمِن	*malade* (O.),		زَمْنَى
	هَالِك	*perdu*,		هَلْكَى
	مَيِّت	*mort*,		مَوْتَى
	أَحْمَق	*stupide*,		حَمْقَى
	سَكْرَان	*ivre*.	—	سَكْرَى

5. Les deux premiers exemples expriment une idée de souffrance ; les deux autres, une idée de péril ; les deux derniers, l'idée d'une diminution dans l'état de l'individu qualifié.

6. Toutefois, le pluriel فَعْلَى n'est régulier que si l'événement est fâcheux pour l'individu qualifié. Ainsi, ذَرْبَى, dans أَسِنَّة ذَرْبَى *pointes (de lance) acérées*, est irrégulier, parce que l'effet de la lance est éprouvé non par la lance qualifiée, mais par l'individu qui en est atteint.

7. Autres exemples du pluriel فَعْلَى : هَرْمَى, كَسْلَى, غَضْبَى, غَرْثَى, نَوْكَى, pluriels de هَرِم *décrépit*, كَسْلَان *paresseux*, غَضْبَان *irrité*, غَرْثَان *affamé*, أَنْوَك *sot*.

Anomalies :

كَيِّس	*intelligent*,	Pluriel :	كَيْسَى
ذَرِب	*acéré, aigu*.	—	ذَرْبَى

Observations. زَمِن signifie *qui est atteint d'une maladie chronique* ; كَيِّس et مَيِّت donnent lieu aux mêmes observations que سَيِّد (**X, 0.**) ; — كَسِيب est irrégulier, parce qu'il n'exprime rien de fâcheux.

XII. — فِعَلَة

RÈGLE. — Le pluriel فِعَلَة est *très usité* avec les substantifs en فُعْل et *peu usité* avec ceux en فَعْل et فِعْل, pourvu qu'ils aient tous la troisième radicale forte.

Ex. :

غُصْن	branche,	Pluriel :	غِصَنَة
كُوز	cruche,		كِوَزَة
دُبّ	ours,	—	دِبَبَة
رُوح	âme,	—	رِوَحَة
زَوْج	époux,	—	زِوَجَة
شَيْخ	maître,		شِيَخَة
قِرْد	singe,	—	قِرَدَة
فِيل	éléphant,	—	فِيَلَة
كَمْء	truffe (sorte de).	—	كَمَأَة

NOTES. — **1.** Le pluriel فِعَلَة peut convenir aux substantifs dont la seconde radicale est forte ou faible, ainsi qu'à ceux dont la troisième radicale est identique à la seconde.

2. Il ne convient ni aux qualificatifs des formes données plus haut ni à ceux des autres formes.

3. Il ne convient pas non plus aux substantifs dont la troisième radicale est faible. Dans ce cas, on emploie أَفْعَل (II) avec فَعْل et فِعْل ; et أَفْعُل (I) avec فَعْل. Ex. : أَظْلِب، أَنْحَاء، أَضْيَاء.

pluriels de فخذ *membre*, نغي *pot (au beurre)*, et ظبي *gazelle*.

ANOMALIES : ذكر *mâle*,   Pluriel : ذكرة

     كتف *épaule*,   كتفة

     علج *robuste*,   علجة

     بدر *vil*.   — بدرة

XIII. — فُعَّال.

RÈGLE. — Le pluriel فعّال est régulier avec les qualificatifs ayant la forme فاعل ou فاعلة et la troisième radicale forte.

Ex. : ضارب *qui frappe*, Fém. ضاربة Pl. com. ضرّب

  عاذل *qui blâme*,   عاذلة

  ساجد *qui se prosterne*, — ساجدة — سجّد

  صالح *qui est vertueux*, — صالحة — صلّح

  كاذب *qui ment*,   كاذبة   كذّب

  قائم *qui est debout*, — قائمة — قوّم

  زائر *qui visite*. — زائرة — زوّر

NOTES. — **1**. Les noms revêtent régulièrement le pluriel فعّل :
1° S'ils sont qualificatifs ;
2° S'ils sont en فاعل ou en فاعلة ;
3° S'ils ont la troisième radicale forte.

2. Ils rejettent ce pluriel comme irrégulier :
1° S'ils sont substantifs ;

2° S'ils ne sont ni en فَاعِل ni en فَاعِلَة;

3° S'ils ont la troisième radicale faible.

3. Les substantifs en فَاعِل ou en فَاعِلَة forment leur pluriel sur فَوَاعِل (XXI).

Ex. : حَاجِب *sourcil,* Pluriel : حَوَاجِب

جَائِزَة *poutre.* — جَوَائِز

4. Les qualificatifs ayant une tout autre forme que فَاعِل ou فَاعِلَة construisent leur pluriel sur une forme qui dépend de celle du singulier. Si cette forme est, par exemple, أَفْعَل ou فَعْلَاء, le pluriel se construit sur فُعْل (V).

Ex. : أَحْمَر Fém. حَمْرَاء *rouge,* Pl. com. حُمْر

5. Les substantifs en فَاعِل, avec une faible pour troisième radicale, suivent le pluriel فَعَلَة IX.

Ex. : قَاضٍ *juge,* Pluriel : قُضَاة

رَامٍ *archer.* رُمَاة

6. Ceux en فَاعِلَة, avec une forte pour troisième radicale, suivent le pluriel فَوَاعِل (XXI).

Ex. : ضَارِبَة *(celle) qui frappe,* Pluriel : ضَوَارِب

كَاذِبَة *(celle) qui ment.* — كَوَاذِب

7. Le pluriel فُعَّل est encore régulier avec les qualificatifs féminins en فَاعِل.

Ex. : طَالِق *qui est répudiée,* Pluriel : طُلَّق

حَائِض *qui a les menstrues.* — حُيَّض

ANOMALIES :

		Pluriel :	
عَزٍ	conquérant,		عُزَّى
عَافٍ	solliciteur,	—	عُفَّى
سَافِر	voyageur,	—	سُرَّى
سُخَال	vil,	—	سُخَّال
نُفَسَآء	accouchée,		نُفَّس
أَعْزَل	qui est sans arme.		عُزَّل

OBSERVATIONS. — I. حَاجِب et جَائِز, considérés comme qualificatifs, le premier dans le sens de مَانِع qui empêche, et le second
dans le sens de بَالٍ qui passe, font au pluriel حُجَّب et جُوَّز.

II. La forme أَفْعَل de أَعْزَل (A.) diffère de أَفْعَل, masculin de
فَعْلَاء (V), en ce qu'elle exprime une qualification *passagère*;
tandis que la seconde exprime une qualification *persistante*. De
là, la différence dans la forme plurielle.

XIV. — فُعَّال.

RÈGLE. — Le pluriel فُعَّال est régulier avec les qualificatifs
masculins ayant la forme فَاعِل et la troisième radicale forte.

Ex. :		Pluriel :	
ضَارِب	qui frappe,		ضُرَّاب
عَاذِل	qui blâme,	—	عُذَّال
سَاجِد	qui se prosterne,	—	سُجَّاد
صَالِح	qui est vertueux,	—	صُلَّاح
قَائِم	qui est debout,	—	قُوَّام

Notes. — **1.** Cette règle signifie, en d'autres termes, que tout qualificatif masculin réunissant les conditions voulues pour revêtir le pluriel فُعَّل (XIII), peut encore revêtir فِعَال.

2. Si le qualificatif est féminin, c'est-à-dire en فَعْلَى, il n'insère pas au pluriel un ا entre la seconde et la troisième radicale.

Ex. : حَيْرُبَة   Pluriel : حَيْرَب   et non حَيْرَاب

Anomalies :

غَازٍ	conquérant.	Pluriel :	غُزَاة
سَارٍ	voyageur.	—	سُرَاة
سَخَال	vil,		سِخَال
نُفَسَاء	accouchée,	—	نُفَاس
صَادَّة	détournée.	—	صِدَاد

Observation. — Le pluriel صِدَاد *détournée* se trouve dans ce vers : إِبْصَارِهِنَّ إِلَى ٱلشُّبَّانِ مَائِلَةً * يَرْفَذْ أَرَاهُنَّ عَنِّي صِدَاد. Il est irrégulier, parce qu'il se rapporte à نِسَاء *femmes*. Mais si on le faisait rapporter à أَبْصَار, qui est masculin, il serait régulier.

XV. — فِعَال.

Règle. — Le pluriel فِعَال est régulier avec :

A. — Les substantifs et les qualificatifs en فَعْل et en فَعَلَة, quand le ي n'y figure ni comme première ni comme seconde radicale ;

B. — Les substantifs en فَعْل et en فَعَلَة, quand la troisième radicale est forte et différente de la seconde ;

C. — Les substantifs en فِعْل et ceux en فَعْل n'ayant ni un و pour seconde ni un ى pour troisième radicale;

D. — Les qualificatifs actifs en فَعِل et en فَعِلة ayant une ـ forte pour troisième radicale.

				Pluriel :
Ex. : A	كلب	*chien.*		كلاب
	كبش	*mouton,*		كباش
	فحل	*étalon.*		فحول
	عرصة	*cour,*	—	عراص
	قصعة	{ *écuelle.*	—	قصاع
	جفنة			جشن
	صعب	*difficile.*	—	صعاب
	ضخمة	*grosse,*	—	ضخام
B.	جبل	*montagne.*		جبال
	جمل	*chameau.*	—	جمال
	رقبة	*cou,*		رقاب
	ثمرة	*fruit.*	—	ثمار
C.	بئر	*puits,*	—	بئار
	ذئب	*chacal.*	—	ذئاب
	رمح	*lance,*	—	رماح
	دهن	*pommade,*	—	دهان
D.	كبير	*grand,* Fém. كبيرة Pl. com.		كبار
	صغير	*petit,* صغيرة		صغار
	كريم	*généreux.* — كريمة		كرام

NOTES. — *A*. **1**. Le pluriel فُعُول est irrégulier avec les noms en فَعْل et فَعْلَة, quand la première ou la seconde radicale est un ى, parce que ce pluriel, en laissant persister le ى, lettre *rude*, n'amène aucun allégement dans le mot. Dans ce cas, فُعُول (XVI) s'emploie avec فِعَل; et, suivant El-Ferra, فِعَل (VIII, **6**), avec فَعْلَة.

Ex. :   سَيْف   *glaive*,   Pluriel :   سيوف

       ضَيْعَة   *village*.   —   ضِيَع   .

2. Il est, au contraire, régulier quand la seconde radicale est un و, parce qu'il entraîne le changement de cette lettre en ى, lettre moins rude.

Ex. :   ثَوْب   *habit*.   Pluriel :   ثِياب

       قَوْس   *arc*.   قِياس

B. — **3**. Le pluriel فُعُول est également irrégulier quand la troisième radicale de فَعْل et de فَعْلَة est faible ou quand, étant forte, elle est identique à la seconde. Dans le premier cas, on emploie فِعَل (XVI) ; dans le second, أفْعَال (II).

Ex. :   فَتًى   *jeune homme*,   Pluriel :   فِتْيَة

       طَلَل   *ruines, vestiges*.   —   أطْلال

C. — **4**. Il est encore irrégulier quand les substantifs en فَعْل ont un و pour seconde ou un ى pour troisième radicale. On emploie فِعْلان dans le premier cas (XVII, *B*), et أفْعال dans le second (II).

Ex. :   حُوت   *poisson*,   Pluriel :   حِيتان

       مُدْي   *mesure de capacité*.   —   أمْداء

D. — **5**. Enfin, il est également irrégulier avec les qualificatifs en فعيل et فعيلة, quand ils ont le sens passif ou la troisième radicale faible. On emploie dans le premier cas فعلى (XI), s'il y a lieu ; et, dans le second, أفعلاء (XX).

Ex. : جريح *blessé*,   Pluriel : جرحى

غني *riche*.   أغنياء

6. Sans être régulier, le pluriel فعال est fort usité avec les qualificatifs de la forme فعلان et de ses deux féminins فعلى et فعلانة, ainsi qu'avec ceux de la forme فعلان et de son féminin فعلانة.

Ex. : غضبان *irrité*,   Fem. : غضبى   Pl. com. : غضاب

ندمان *repentant*.   ندمانة   —   ندام

خمصان *vide (ventre)*.   خمصانة   —   خماص

7. Il existe en arabe trois qualificatifs en فعيل et فعيلة ayant un و pour seconde et une forte pour troisième radicale. Ils ne peuvent revêtir que le pluriel brisé فعال ou le pluriel sain.

Ex. : طويل *long*,   Pluriel : طوال

قويم *droit*,   —   قوام

صويب *juste*.   —   صواب

8. En résumé, le pluriel فعال est régulier avec huit formes : فعال, فعلة, فعل, فعلة, فعيل, فعيلة, et fort usité avec cinq autres : فعلانة, فعلان, فعلى, فعلان, فعلانة.

ANOMALIES : يعر *chevreau*,   Pluriel : يعور

رجل *homme*,   —   رجال

أنثى *femelle*.   —   إناث

XVI. — فُعُولٌ.

RÈGLE. — Le pluriel فُعُول est régulier avec :

A. — Les substantifs en فَعَل et en فِعَل ;

B. — Ceux en فَعْل dont la médiale n'est pas un و ;

C. — Ceux en فِعْل qui n'ont ni un و pour médiale, ni un ى pour finale, ni la finale identique à la médiale.

			Pluriel :	
Ex. : A.	كَبِد	foie,		كُبُود
	مَلِك	roi,	—	مُلُوك
	وَعِل	antilope,	—	وُعُول
	نَمِر	panthère,	—	نُمُور
	حِمْل	fardeau,	—	حُمُول
	ضِرْس	dent molaire,	—	ضُرُوس
	لِصّ	brigand,	—	لُصُوص
	دِيك	coq.		دُيُوك
B.	كَعْب	cube,		كُعُوب
	فَلْس	obole,		فُلُوس
	قَرْن	corne,	—	قُرُون
	عَيْن	œil,	—	عُيُون
C.	جُنْد	armée,	—	جُنُود
	بُرْج	citadelle,		بُرُوج
	بُرْد	vêtement (sorte de),	—	بُرُود
	غُصْن	branche, tige.	—	غُصُون

NOTES. — A. **1.** Les substantifs en فَعَل n'admettent généralement pas d'autres formes de *grande pluralité*.

2. Quand les noms en فَعَل et en أَفْعَل sont qualificatifs, leur pluriel se forme sur أَفْعَال (II).

Ex. : نَكِد *non serviable*. Pluriel : أَنْكَاد

حَلِف *insociable*. — أَحْلَاف

B. — **3.** Quand les substantifs en فَعَل ont un و pour seconde radicale, ils forment leur pluriel sur فِعَال (XV, **2**).

Ex. : ثَوْب *habit*. Pluriel : ثِيَاب

حَوْض *bassin*. — حِيَاض

C. — **4.** Quand les substantifs en فَعَل ont un و pour seconde radicale, ils construisent leur pluriel sur فِعْلَان (XVII, *B*).

Ex. : حُوت *poisson*. Pluriel : حِيتَان

عُود *luth*. — عِيدَان

5. Quand ils ont un ي pour troisième radicale, ils le construisent sur أَفْعَال (II).

Ex. : مُدْي *mesure de capacité*, Pluriel : أَمْدَاء

6. Quand la troisième radicale est identique à la seconde, ils le construisent également sur أَفْعَال (IV).

Ex. : مُدّ *mesure de capacité*, Pluriel : أَمْدَاد

7. Le pluriel فُعُول est régulier d'après le *Tesheil*, mais irrégulier d'après le commentaire de la *Kafyah*, avec les substantifs en فَعَل.

Ex. : شَجَن *chagrin*. Pluriel : شُجُون

نَدَب *cicatrice*. نُدُوب

8. Selon El-Achmouney, il faudrait que dans ce cas les noms fussent substantifs et qu'ils n'eussent pas les deux dernières radicales semblables. On ne dit pas, en effet, نَصُوف et أبوب pour pluriels de نَصَف *d'âge moyen (femme)* et de لبب *poitrail*.

9. Dans le *Tesheil*, Bnou-Malek dit que le pluriel فَعُول est :

1° *Régulier* avec فِعَال, فَعَل, فَعَل, فَعَل et فعل, quand ils réunissent les conditions indiquées.

2° *Irrégulier et commun* avec les qualificatifs en فاعل, quand la seconde radicale n'est ni faible ni identique à la troisième, comme شاهد *témoin*, ainsi qu'avec les noms tels que :

فَسْل	*homme vil,*	Pluriel : فُسُول
فَوْج	*troupe,*	— فُوُوج
سَاق	*jambe,*	— سُووق
بَدْرة	*dix mille drachmes,*	— بُدُور
شَعْبة	*portion,*	— شَعُوب
قِلّة	*sommet d'une montagne.*	— قُلُون

3° *Irrégulier et rare* avec les noms tels que :

ظَريف	*galant,*	Pluriel : ظُروف
أُنسَة	*familiarité,*	— أُنُوس
حَصّ	*safran,*	— حُصُوص
أسِينة	*corde d'une tresse.*	— أُسُون

10. Il résulte de ce qui précède que les substantifs en فَعْل ont deux formes de grande pluralité : فِعَال (XV) et فُعُول (XVI).

Anomalies :	نَمِر	panthère.	Pluriel :	نُمُور
	جُوج	troupe,		فُرُوج
	نَوْت	rigole,		نُيّ
	حَتّ	perle,		حُصُوص
	أَسَد	lion,		أُسُود
	طَلَل	ruines,		طُلُول

XVII. — فِعْلَان.

Règle. — Le pluriel فِعْلَان est régulier avec :

A. — Les substantifs en فَعَل et en فِعَال ;

B. — Ceux en فَعَل et en فِعَال, avec un و pour seconde radicale.

Ex. : A.	غُلَام	jeune homme,	Pluriel :	غِلْمَان
	غُرَاب	corbeau,	—	غِرْبَان
	عُقَاب	aigle,		عِقْبَان
	صُرَد	nom d'oiseau,	—	صِرْدَان
	جُرَذ	sorte de rat,		جِرْذَان
	نَغَر	rossignol,	—	نِغْرَان
B.	حُوت	poisson,	—	حِيتَان
	عُود	luth,	—	عِيدَان
	كُوز	cruche,	—	كِيزَان
	جَار	voisin,		جِيرَان
	نَار	feu,	—	نِيرَان
	تَاج	diadème,	—	تِيجَان

Notes. — *A*. **1**. Ce pluriel est irrégulier quand les noms en
فِعَال et en فَعِل sont qualificatifs. Dans ce cas, on emploie فُعَلَاء
(XIX), par exemple, avec فُعَال ; et le pluriel sain à l'exclusion
du pluriel brisé avec فَعِل.

Ex. :   شُجَاع   *courageux*,   Pluriel :   شُجْعَاء

             أَبِد   *inépuisable*.   أَبِدُون

B. — **2**. Il est également irrégulier avec les substantifs en
فُعْل quand la médiale est forte. On emploie, dans ce cas, فُعُل
(XVI).

Ex. :   بُرْج   *citadelle*,   Pluriel :   بُرُوج

             بُرْد   *vêtement rayé*.   بُرُود

3. Il est encore irrégulier d'après le commentaire de la *Kafyah*, mais régulier d'après le *Tesheil*, avec les substantifs en
فَعْل quand la médiale est forte.

Ex. :   حَوُب   *outarde mâle*,   Pluriel :   حَرْبَان

             فَتًى   *jeune homme*,   فِتْيَان

             أَخ   (pour الأَخَو) *frère*.   إِخْوَان

4. Les substantifs en فُعْل forment *rarement* leur pluriel sur
فُعْلَان.

Ex. :   حِسْل   *petit du lézard*,   Pluriel :   حِسْلَان

             شِقَذ   *petit du caméléon*,   شِقْذَان

             خَرْص   *pointe d'une lance*,   خِرْصَان

             خِيط   *troupe d'autruches*,   خِيطَان

             قِنْو   *régime de dattes*,   قِنْوَان

             خِشْف   *gazelle*.   خِشْفَان

ANOMALIES :			Pluriel :
صِنْو	frère, oncle,		صِنْوَان
صِوَار	bœufs sauvages,	—	صِيرَان
غَزَال	gazelle,		غِزْلَان
خَرُوف	agneau,	—	خِرْفَان
ظَلِيم	autruche mâle,		ظِلْمَان
حَائِط	muraille,		حِيطَان
نِسْوَة	femme,	—	نِسْوَان
عَبْد	serviteur,		عِبْدَان
بُرْكَة	canard,		بُرْكَان
قَصَبَة	monticule,	—	قِضْعَان
شَيْخ	vieux,	—	شِيخَان
شُجَاع	courageux,		شُجْعَان

OBSERVATION. — Dans le sens de *frère*, اخ fait au pluriel اخوة ; dans le sens de *confrère*, il fait اخوان (Farédhey). Quelquefois, ils s'emploient l'un pour l'autre (Bnou-Hecham).

XVIII. — فُعْلَان.

REGLE. — Le pluriel فُعْلَان est régulier avec :

A. — Les substantifs en فَعْل et en فَعِيل ;

B. — Ceux en فَعَل avec une forte pour seconde radicale.

Ex. : A.	بَطْن	ventre,	Pluriel :	بُطْنَان
	ظَهْر	dos,	—	ظُهْرَان
	سَقْف	toit,	—	سُقْفَان

		Pluriel :	
	وَغْد *valet,*	Pluriel :	وِغْدَان
	قَضِيب *baguette,*	—	قُضْبَان
	رَغِيف *pain,*	—	رُغْفَان
	كَثِيب *dune,*	—	كُثْبَان
	صَبِيّ *enfant,*	—	صِبْيَان
B.	بَلَد *ville,*	—	بُلْدَان
	ذَكَر *mâle,*	—	ذُكْرَان
	حَمَل *agneau,*	—	حُمْلَان
	جَدَر *muraille.*	—	جُدْرَان

NOTES. — **A. 1.** Le pluriel فُعْلَان est irrégulier quand les noms
en فَعَل et en فَعِيل sont qualificatifs. Dans ce cas, le pluriel régulier est فِعَال (XV).

Ex. : صَعْب *difficile,* Pluriel : صِعَاب

كَرِيم *généreux.* — كِرَام

2. Mais il est régulier avec les qualificatifs devenus substantifs par l'usage.

Ex. : عَبْد *serviteur,* Pluriel : عَبِيدَان

3. Pour El-Achmouney, le pluriel فُعْلَان est régulier avec les
substantifs en فَعَل et en فَعِيل, que la seconde radicale soit faible
ou forte.

4. Pour Bnou Akeil, ce pluriel est irrégulier quand la seconde
radicale est faible comme dans سَوْط *fouet,* سَيْف *sabre,* وَيْل
lamentation.

B. — **5.** Le pluriel فُعْلَان est également irrégulier avec les substantifs en فِعَل, quand la seconde radicale est faible. On emploie alors فِعْلَان, XVII.

Ex. : غَار grotte, Pluriel : غِيرَان

قَاع fond. قِيعَان

6. Il est encore irrégulier avec les qualificatifs en فَعَل, mais non avec ceux que l'usage a rendus substantifs.

Ex. : جَذَع jeune bête, Pluriel : جِذْعَان

7. Le pluriel فُعْلَان est donné comme rare dans le commentaire de la *Kafyah*, mais comme régulier dans le *Teshîl*, avec les substantifs en فُعَل.

Ex. : ذِئْب chacal. Pluriel : ذُؤْبَان

ANOMALIES :

راجِل	piéton,	Pluriel :	رَجْلَان
راكِب	cavalier,	—	رُكْبَان
قَصَبَة	monticule,	—	قُضْبَان
زُقَاق	rue,	—	زُقَّان
حُوَار	chameau,	—	حُورَان
فَعُود	chameau,	—	قُعْدَان
أَصْلَع	chauve,	—	صُلْعَان
أَسْوَد	noir.	—	سُودَان

OBSERVATION. — Contrairement à l'opinion d'El-Ferra, سُودَان n'est pas le pluriel du pluriel سُود 'sing. أَسْوَد ou سَوْدَاء, parce que فُعْلَان ne convient pas aux qualificatifs (R.).

XIX. — فُعَلَاءُ.

RÈGLE. — Le pluriel فُعَلَاءُ est régulier avec les qualificatifs ayant la forme فَعِيل, le sens actif, la troisième radicale forte et différente de la seconde; et se rapportant à des noms masculins d'êtres raisonnables.

Ex. :	كَرِيمٌ	généreux,	Pluriel :	كُرَمَاءُ
	بَخِيلٌ	avare,	—	بُخَلَاءُ
	سَفِيهٌ	idiot,	—	سُفَهَاءُ
	عَلِيمٌ	savant,	—	عُلَمَاءُ
	أَدِيبٌ	lettré,	—	أُدَبَاءُ
	حَكِيمٌ	philosophe,	—	حُكَمَاءُ
	خَبِيثٌ	méchant,	—	خُبَثَاءُ
	لَئِيمٌ	ignoble.	—	لُؤَمَاءُ

NOTES. — **1.** Pour revêtir le pluriel فُعَلَاءُ, les mots doivent remplir sept conditions. Il faut :

1º Qu'ils soient qualificatifs ;
2º Qu'ils aient la forme فَعِيل :
3º Qu'ils aient le sens actif ;
4º Qu'ils aient la troisième radicale forte ;
5º Que cette radicale soit différente de la seconde ;
6º Qu'ils qualifient des noms masculins ;
7º Que ces noms désignent des êtres raisonnables.

2. Mais ils ne revêtent pas ce pluriel :
1º S'ils sont substantifs ;

2° S'ils n'ont pas la forme فَعِيل;

3° S'ils ont le sens passif;

4° S'ils ont la troisième radicale faible;

5° Si cette radicale est identique à la seconde;

6° S'ils qualifient des noms féminins;

7° Si ces noms désignent des êtres irraisonnables.

3. Les substantifs en فَعِيل forment leur pluriel sur فُعُل (VI, A).

Ex. : قَضِيب *baguette,* Pluriel : قُضُب

رَغِيف *pain.* — رُغُف

4. Les qualificatifs qui, au lieu d'avoir la forme فَعِيل, ont, par exemple, la forme فَعُول, le forment également sur فُعُل (VI, *B*).

Ex. : صَبُور *patient,* Pluriel : صُبُر

غَيُور *jaloux.* — غُيُر

5. Ceux qui ont le sens passif le construisent sur différentes formes, telles que فَعْلَى (XI).

Ex. : قَتِيل *tué,* Pluriel : قَتْلَى

جَرِيح *blessé.* -- جَرْحَى

6. Ceux dont la troisième radicale est faible suivent le pluriel أَفْعِلَاء (XX).

Ex. : غَنِيّ *riche,* Pluriel : أَغْنِيَاء

7. Ceux dont la troisième radicale est identique à la seconde suivent également أَفْعِلَاء (XX).

Ex. : شَدِيد *violent,* Pluriel : أَشِدَّاء

8. Ceux qui qualifient des féminins ont le pluriel en فُعَّل (XV, *D*).

Ex. :   رَحِيم   *variée*,   Pluriel :   رُحَّم

9. Enfin, ceux qui qualifient des noms masculins d'êtres irraisonnables ont également le pluriel en فُعَّل.

Ex. :   فَسِيح   *vaste*,   Pluriel :   فُسَّح

10. Le pluriel فُعَلاء est régulier, que les qualificatifs auxquels il s'applique expriment une idée de louange ou de blâme. Peu importe, d'ailleurs, qu'ils soient les équivalents par le sens de فَعِل, de مُفَاعِل ou de مُفْعِل.

Ex. : ظَرِيف   équivaut à   ظَرُف   (inusité) Pluriel :   ظُرَفَاء

خَلِيط   —   خَلُط   —   خُلَطَاء

سَمِيح   —   سَمُح   —   سُمَحَاء

11. Le *Teïvdheïl* donne, en outre, فُعَلاء comme très usité avec les qualificatifs en فَعِيل exprimant une qualité *innée*; et le *Tesheïl* le donne comme régulier avec ceux en فَاعِل et فَعَّال exprimant une idée de louange ou de blâme.

Ex. :   شَاعِر   *poète*,   Pluriel :   شُعَرَاء

صَالِح   *vertueux*,   —   صُلَحَاء

شُجَاع   *courageux*.   —   شُجَعَاء

12. Les trois qualificatifs صَغِير *petit*, صَبِيح *beau*, سَمِين *replet*, auxquels il faut ajouter les trois donnés au nº **7** de la XVᵉ forme, ne revêtent pas le pluriel فُعَلاء.

ANOMALIES :

سَمْح	libéral,	Pluriel :	سُمَحَاء
خَلِص	sincère,	—	خُلَصَاء
جَبَان	poltron,	—	جُبَنَاء
وَدُود	ami,	—	أَوِدَّاء
قَتِيل	tué,	—	قُتَلَاء
تَقِيّ	pieux,	—	أَتْقِيَاء
خَلِيفَة	khalife.	—	خُلَفَاء

OBSERVATION. — Le pluriel régulier de خَلِيفَة serait خَلَائِف (XXII), d'après Abou Aley el-Farécey (cf. N. P., **56**).

XX. — أَفْعِلَاء.

RÈGLE. — Le pluriel أَفْعِلَاء est régulier avec les qualificatifs ayant la forme فَعِيل, le sens actif, la troisième radicale faible ou identique à la seconde ; et se rapportant à des noms masculins d'êtres raisonnables.

Ex. :	غَنِيّ	riche,	Pluriel :	أَغْنِيَاء
	تَقِيّ	pieux,	—	أَتْقِيَاء
	وَلِيّ	ami,	—	أَوْلِيَاء
	قَوِيّ	fort,	—	أَقْوِيَاء
	شَدِيد	violent,	—	أَشِدَّاء
	خَلِيل	intime,	—	أَخِلَّاء
	عَزِيز	précieux.	—	أَعِزَّاء

NOTES. — **1.** En d'autres termes, on substitue فَعْلَاءُ أَفْعَلَاءُ quand les qualificatifs ont la troisième radicale faible au lieu de l'avoir forte (XIX).

2. فَعْلَاءُ est incompatible avec فَعِيلٌ, par exemple, parce qu'il donnerait فَعِيلَاءُ qui, en vertu d'une règle de permutation, se transformerait en فَعَالِيءُ; puis, en vertu d'une règle de suppression, en فَعَالِيءُ, ce qui déformerait le mot.

3. فَعْلَاءُ est également incompatible avec شَدِيدٌ, par exemple. Il donnerait شَدِيدَاءُ avec deux lettres identiques qu'on ne peut contracter, parce que l'ensemble de ces deux lettres et de celle qui les précède a la forme فَعَلَ (voir El-Achmouney, *Commentaire de l'Alfyah*, tome IV).

ANOMALIES :

صَدِيقٌ   *ami sincère*,   Pluriel : أَصْدِقَاءُ

ظَنِينٌ   *suspect* (sens passif).   —   أَظْنَّاءُ

XXI. — فَوَاعِلُ.

RÈGLE. — Le pluriel فَوَاعِلُ est régulier avec :

A. — Les substantifs et les qualificatifs en فَاعِلَةٌ;

B. — Les substantifs en فَوْعَلَةٌ, فَوْعَلٌ, فَاعَلٌ, فَاعِلٌ, فَعَالَةٌ;

C. — Les qualificatifs en فَاعِلٌ des noms féminins d'êtres raisonnables ou irraisonnables.

Ex. : A.   قَابِلَةٌ   *sage-femme*,   Pluriel : قَوَابِلُ

       كَاذِبَةٌ   *menteuse*,   —   كَوَاذِبُ

B.	كَاهِل garrot,	Pluriel :	كَوَاهِل
	طَابِع cachet,	— —	طَوَابِع
	جَوْهَر perle,	— —	جَوَاهِر
	زَوْبَعَة tourbillon,	— —	زَوَابِع
	فَاصِعَاء trou de mulot.	—	فَوَاصِع
C.	طَالِق répudiée,	— —	طَوَالِق
	صَاهِل hennissant.		صَوَاهِل

NOTES. — **1.** Cette règle peut être formulée ainsi : Le pluriel فَوَاعِل est régulier avec les mots ayant pour augment un ا au second rang, excepté les qualificatifs en فَاعِل des noms masculins d'êtres raisonnables; et avec les mots ayant pour augment un و au second rang, excepté ceux que cette lettre a rendus quintilitères (N. P., **22**).

2. Si le ا est radical, le pluriel se forme sur أَفَاعِل (ـُ ـَ ا ـِ ـُ, XVII).

Ex. : آدَمُ (pour أَأْدَمُ) Adam,   Pluriel : أَوَادِمُ

3. Si l'addition du و a rendu le mot quintilitère, le pluriel se construit sur فَعَالِل (XXVI).

Ex. : خَوَرْنَق nom d'un palais,   Pluriel : خَوَارِنَق

4. Le pluriel فَوَاعِل s'applique aussi bien aux noms propres qu'aux noms communs en فَاعِل et en فَاعِلَة.

Ex. : خَالِدٌ Khaled,   Pluriel : خَوَالِدُ

فَاطِمَةُ Fatémah.   —   فَوَاطِمُ

5. Contrairement à l'opinion de quelques grammairiens modernes, le pluriel فَوَاعِل n'est pas irrégulier avec les qualificatifs en فَاعِل des noms masculins d'êtres irraisonnables ; il ne l'est que lorsque les qualificatifs de cette forme se rapportent à des mâles raisonnables, comme هَوَالِك, سَوَابِق, نَوَاكِس, فَوَارِس, pluriels de فَارِس *cavalier*, نَاكِس *qui a la tête basse*, سَابِق *vainqueur* (*coursier*), هَالِك *qui a péri*.

6. Au dire de quelques grammairiens, فَوَارِس et ses analogues seraient réguliers comme pluriels de qualificatifs féminins en فَاعِلَة (A) se rapportant au féminin طَائِفَة, c'est-à-dire que فَوَارِس est pour طَوَائِف فَوَارِس, pluriel de فَارِسَة طَائِفَة *troupe d'hommes à cheval*.

7. Quelques noms en فَاعِل forment leur pluriel sur فِعْلَان (XVII) ou فُعْلَان (XVIII).

Ex. :   فَائِظ / *terrain plat.*   Pluriel :   غِيطَان
         فَائِق \   —   فُلَان

ANOMALIES :

دُخَان / *fumée,*   Pluriel :   غَرَائِن
دَخَان \   —   دَوَاخِن

حَاجَة   *affaire.*   —   حَوَائِج

OBSERVATIONS. — I. فَاعِلَة et فَاعِلَاة ont le même pluriel, parce qu'elles sont analogues et ne diffèrent l'une de l'autre que par la nature de la désinence féminine (cf. VII, O.).

II. حَوَائِج peut être considéré comme pluriel régulier de حَائِجَة (A) qu'on a quelquefois employé pour حَاجَة (Dama-méney).

XXII. — فَعَائِلُ.

RÈGLE. — Le pluriel فَعَائِل est régulier avec les substantifs quadrilitères féminins, avec ou sans ة, et dont la pénultième est une lettre de prolongation (cf. I, B).

Ex. :	شَمَال	*vent du nord*,	Pluriel :	شَمَائِل
	شِمَال	*côté gauche*,	—	شَمَائِل
	عَقَاب	*orfraie*,	—	عَقَائِد
	سُعَاد	*nom de femme*,	—	سَعَائِد
	عَجُوز	*vieille femme*,	—	عَجَائِز
	سَحَابَة	*nuage*,	—	سَحَائِب
	رِسَالَة	*missive*,	—	رَسَائِل
	كَنِيسَة	*balayure*,	—	كَنَائِس
	صَحِيفَة	*page de livre*,	—	صَحَائِف
	حَمُولَة	*bête de charge*.	—	حَمَائِل

NOTES. — **1**. Le pluriel فَعَائِل s'emploie avec dix formes dont cinq sans le ة : فَعُول, فَعَال, فَعِيل, فَعَل (N. P., **16**. C); et cinq avec le ة : فَعُولَة, فَعِيلَة, فَعَالَة, فَعَالَة.

2. Il est irrégulier quand la désinence féminine est un *alef* bref : ـَى, ou un *alef* long : ـَاء, comme dans حُبَارَى *outarde* et جُلُولاَء *nom d'une localité en Perse* (cf. **8**).

3. Il est régulier avec فَعِيلَة, qu'il s'agisse de substantifs,

tels que فَعِيل *acte* ou de qualificatifs, pourvu que ceux-ci
soient actifs.

Ex. :   طَرِيف *gracieux*,   Pluriel : طِرَاف
         أَلِيف *bienveillant*.   أُلَّاف

4. Il n'est régulier avec les neuf autres formes que s'il s'agit
de substantifs.

5. Il n'est également régulier avec les formes dépourvues
du ة que s'il s'agit de féminins. Ainsi جَزَائِر, pluriel de جَزِير,
chameau égorgé, est irrégulier.

6. Bnou Malek dit, dans le commentaire de la *Kafyah*, qu'il ne
connaît pas d'exemple de فَعَائِل appliqué à des noms communs
féminins, mais que, par analogie, ce pluriel convient aux noms
propres de femmes, tels que سُعَاد *Saâd*.

7. L'*Alfyah* et la *Kafyah* semblent indiquer que فَعَائِل est
régulier avec les dix formes données ci-dessus (R); mais, d'après
le *Tesheil*, l'emploi de ce pluriel est seulement régulier avec
فَعِيل, très usité avec فَعِل, et basé sur l'usage quand il s'agit des
autres formes dépourvues du ة.

8. Le *Tesheil* donne le pluriel فَعَائِل aux noms tels que أَنْصَب
ventru, رُطَبَة *datte nouvelle*, أَرَكَة *sang-froid (à la guerre)*, جَلُولَاء
nom d'une localité en Perse (cf. **2**), ضَرَّة *co-épouse*, طَبَة *datte
rouge et très douce*, حُرَّة *libre (femme)*, حُبَارَى *outarde* (cf. **2**) et
خُزَابَة *troupe* (**10**).

9. D'après El-Achmouney, il semble résulter du texte du
Tesheil que فَعَائِل soit applicable à tout mot appartenant à l'une
de ces formes.

10. خَيَارِيّ et خَرَايِيّ ne construisent leur pluriel sur فَعَائِل qu'à la condition de supprimer leur second augment XXVII, 5ᵉ ex.

ANOMALIES :

جَرَائِر   Pluriel :   جَزِير   *chameau égorgé*,

ذَبَائِح   —   ذَبِيحَة   *bête égorgée*.

XXIII. فَعَالِى. — XXIV. فَعَالَى.

RÈGLE I. — Les pluriels فَعَالِى et فَعَالَى s'emploient concurremment et régulièrement :

A. — Avec tout substantif en فَعْلَة et tout qualificatif également en فَعْلَى sans masculin en أَفْعَل (cf. V ;

B. — Avec tout substantif et tout qualificatif terminés par un *alef* bref : ـَى, destiné à marquer le genre féminin ou à assimiler le mot à un quadrilitère (N. P., **22**).

Ex. : *A.*   صَحَارَى ou صَحَار   Pluriel :   صَحْرَاء   *désert*,

عَذَارَى — عَذَار   —   عَذْرَاء   *vierge*,

B.   حَبَالَى — حَبَال   —   حُبْلَى   *enceinte*,

ذَفَارَى — ذَفَار   —   ذِفْرَى   *nom d'un os.*

RÈGLE II. — Le pluriel فَعَالِى s'emploie régulièrement et à l'exclusion de فَعَالَى :

A. — Avec les substantifs en فَعْلَة, فَعْلَاء, فِعْلِيَة, فَعْلُوَة ;

B. — Avec les mots qui suppriment le premier de leurs deux augments (XXVII, 5ᵉ ex.).

Ex. : A.	مِزْهَاذ	*désert*,	Pluriel :	مَوَازِم
	سِعْلَاة	*sorcière*,	—	سَعَالٍ
	هِبْرِيَة	*flocon*,		هَبَازِر
	عُرْوَة	*anse*,	—	عَرَائِق
B.	حَبَنْطَى	*ventru*,	—	حَبَاطٍ
	قَلَنْسُوَة	*coiffure*.	—	قَلَانِس

RÈGLE III. — Le pluriel فَعَالٍ s'emploie régulièrement et à l'exclusion de فَعَالِي avec les qualificatifs en فَعْلَان et en فَعْلَى (Formes diverses, N. **2**).

Ex. :	سَكْرَان	*ivre*,	Fém. :	سَكْرَى	Pl. com. :	سَكَارَى
	غَضْبَان	*irrité*,	—	غَضْبَى	—	غَضَابَى
	كَسْلَان	*paresseux*.	—	كَسْلَى	-	كَسَالَى

NOTES. — **1**. فَعَالِي et فَعَالٍ ont pour origine commune فَعَالِيُّ (XXV), qui équivaut à فَعَالِيِي. Pour alléger cette forme, il a fallu supprimer un des deux ي. Le plus souvent cette suppression a porté sur le second, ce qui a donné فَعَالِي (XXIII). Quelquefois elle a porté sur le premier et a donné فَعَالِيّ. Dans le but de parfaire l'allégement et de conserver la finale, la troisième radicale a été affectée d'un *fetha*, et le ي, se trouvant mû après cette voyelle, s'est transformé en *alef* bref : فَعَالَى (XXIV).

2. D'après cela, فَعَالِيّ a d'abord donné naissance à فَعَالِي; puis celui-ci, à فَعَالٍ.

3. Cette communauté d'origine explique les pluriels صَحَارَى et عَذَارَى qu'on rencontre en poésie, et l'emploi facultatif, dans certains cas (R. I), de فَعَالِي ou de فَعَالَى avec le même mot.

4. Bien que l'*Alfyah* et le commentaire de la *Kafyah* donnent فَعَالِ et فَعَالِي comme pluriels réguliers des qualificatifs en فَعْلَان, tels que عَطْشَان, il est dit dans le *Teshîl* que l'emploi de ce pluriel n'est pas toujours régulier avec ces qualificatifs.

ANOMALIES :

حِضَبْ	qui a le ventre grand,	Pluriel :	حَبَاطَى
يَتِيم	orphelin en bas âge,	—	يَتَامَى
أَيِّم	qui vit sans conjoint.	—	أَيَامَى

OBSERVATION. — Les qualificatifs en فَعْلَان et les substantifs en فَعْلَة ont le même pluriel, à cause de l'analogie de ces deux formes qui ne diffèrent entre elles que par l'augment final (cf. XXI, O. 1).

XXV. — فَعَالِي.

RÈGLE. — Le pluriel فَعَالِ est régulier avec tout trilitère ayant la seconde radicale quiescente, la troisième suivie d'un ي redoublé, et n'exprimant aucune relation d'origine.

Ex. :			Pluriel :	
كُرْسِيّ	chaise,		كَرَاسِيّ
بُخْتِيّ	chameau,	—	بَخَاتِيّ
كُرْكِيّ	grue,	—	كَرَاكِيّ
قُمْرِيّ	tourterelle.	—	قَمَارِيّ

NOTES. — **1.** Les noms en ي final forment trois catégories : ceux qui n'ont jamais exprimé une idée d'origine, ceux qui ne l'expriment plus, et ceux qui l'expriment encore. Dans les deux premiers cas فَعَالِيّ est applicable; dans le troisième, il est inapplicable.

2. On reconnaît qu'un nom exprime une relation d'origine, lorsque la suppression du يّ laisse un mot usité, comme مِصْرِيّ *Égyptien*, qui donne مِصْر *Égypte*.

3. Comme exemple de noms ayant cessé d'exprimer la relation d'origine, on peut citer مَهْرِيّ pl. مَهَارِيّ. A l'origine, ce mot désignait un chameau de Mahrah, tribu de l'Yémen, réputée pour ses chameaux. Aujourd'hui, il désigne tout chameau de *belle race*.

4. D'après le *Tesheil*, فَعَالِيّ sert de pluriel aux noms analogues à عِلْبَاء *nom d'un muscle*, قُوَبَاء *dartre*, حَوْلَايَا *nom d'une localité*.

ANOMALIES :

إِنْسَان *homme*,　　　　　　Pluriel : أَنَاسِيّ

ضَرِبَان *putois*,　　　　　　—　　ضَرَابِيّ

XXVI. — فَعَالِل.

RÈGLE. — Le pluriel فَعَالِل est régulier avec :
A. — Les quadrilitères sans augments;
B. — Les quintilitères sans augments;
C. — Les quadrilitères avec augments;
D. — Les quintilitères avec augments.

PRINCIPE. — Tout mot qui construit son pluriel sur فَعَالِل et qui a plus de quatre lettres, en conserve quatre et supprime les autres, de façon que le ا du pluriel ne soit suivi que de deux lettres fortes consécutives ou séparées par un ي quiescent (N., **7**).

Notes. — **A. 1.** Les quadrilitères sans augments ne donnent lieu à aucune observation.

Ex. :	جَعْفَر	rivière,	Pluriel :	جَعَافِر
	زِبْرِج	or,	—	زبارج
	بُرْثُن	griffe.	—	برائن

2. Les quintilitères sans augments suppriment la cinquième radicale.

Ex. :	سَفَرْجَل	coing,	Pluriel :	سَفَارِج
	جَحْمَرِش	vieille femme,	..	جَحَامِر
	قِذَعْمِل	gros chameau.	..	قَذَاعِم

3. Ils peuvent supprimer la quatrième, si elle est identique à l'un des dix augments (N. P. **5**), et que la cinquième ne le soit pas; mais la suppression de celle-ci est préférable, d'après Sébawaih.

Ex. :	حَدَرْنَق	araignée mâle,	Pluriel :	خَذَارِق

4. Il en est de même lorsque la quatrième radicale a seulement une affinité organique avec l'un de ces dix augments, comme, par exemple, le د avec le ت.

Ex. :	فَرَزْدَق	miette de pain,	Pluriel :	فرازق

5. Les grammairiens de l'école de Coufa et El-Akhfech de celle de Bassora autorisent même la suppression de la troisième radicale, parce que le vide laissé par cette suppression se trouve comblé par le ا du pluriel.

Ex. :	خَدَرْنَق	araignée mâle,	Pluriel :	حَدَائِق

C. — **6**. Les quadrilitères avec augments les suppriment tous.

Ex. :   دَحْرَج *qui roule*,   Pluriel : دَحَارِج

         تَدَحْرَج *qui se roule*.   —   دَحَارِج

7. Cependant, l'augment faible et quiescent qui précède la finale se conserve et se change nécessairement en ـِـ, ce qui transforme فَعالِل en فَعاليل.

Ex. :   سِرْداح *chamelle robuste*.   Pluriel : سَرَاديح

         عُصْفُور *tout petit oiseau*.   —   عَصَافير

         قِنْديل *lampion, lampe*.   —   قَناديل

8. Il se conserve même quand il n'est pas analogue à la voyelle qui le précède ; mais il se supprime quand il est mû.

Ex. :   غُرْنَيْق *grue (oiseau)*.   Pluriel : غَرَانيق

         فِرْدَوْس *jardin d'agrément*.   —   فَرَاديس

         كُنْدُر *homme robuste*.   —   كَنَادِر

         مَيْثَم *grande rivière*.   —   مَيَاثِم

D. — **9**. Les quintilitères avec augments suppriment tous ces augments ainsi que la cinquième radicale (2).

Ex. :   قِرْطَبُوس *chamelle robuste*.   Pluriel : قَرَاطِب

         خَنْدَريس *vin vieux*.   —   خَنَادِر

XXVII. Pluriels analogues à فَعَالِل (XXVI).

$$\acute{\_}\ \_\_\ \mathاَ\ \acute{\_}\ \acute{\_}$$

DÉFINITION. — Les pluriels analogues à فَعَالِل sont des formes qui ont un ا précédé de deux lettres et suivi de deux autres, *abstraction faite de leur nature*, pourvu qu'elles soient accentuées comme فَعَالِل.

Ex. : أَفَاعِل, مَفَاعِل, فَوَاعِل, فَيَاعِل. etc.

RÈGLE. — Ces pluriels s'appliquent aux trilitères ayant un, deux ou trois augments, et ne rentrant dans aucune des catégories dont il a été question jusqu'à présent.

PRINCIPE I. — Tout trilitère qui renferme plusieurs augments en conserve un et supprime les autres de façon qu'il n'y ait, après le ا du pluriel, que deux lettres fortes, consécutives ou séparées par un ي quiescent (XXVI, **7**).

PRINCIPE II. — La suppression ne doit jamais porter sur l'augment qui *prime* par le fait :

a. — De précéder ses co-augments ;

b. — D'être affecté d'une voyelle ;

c. — De marquer une idée ;

d. — De remplir le rôle d'une radicale (N. P., **22**) ;

e. — D'être étranger au groupe سَأَلْتُمُونِيهَا (N. P., **5**) ;

f. — D'occuper un rang normal, au pluriel ;

g. — De donner directement le pluriel.

A. — APPLICATION AUX NOMS A UN SEUL AUGMENT

Les noms à un seul augment ne donnent lieu à aucune observation.

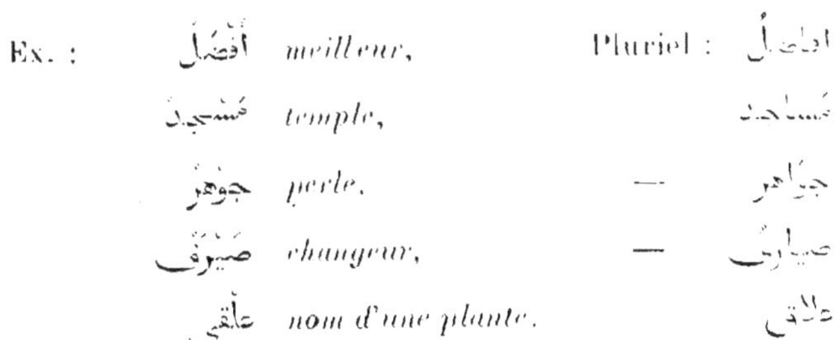

Ex. :   أَفْضَل *meilleur*,   Pluriel : اطفال

         مَسْجِد *temple*,   مساجد

         جَوْهَر *perle*.   —   جواهر

         صَيْرَف *changeur*,   —   صيارف

         عَلْقَى *nom d'une plante*.   علالق

B. — APPLICATION AUX NOMS A DEUX AUGMENTS

Les noms à deux augments en suppriment un et conservent l'autre.

PREMIER EXEMPLE. — Construire le pluriel de مَطْلَق *comédie*, dont les augments sont م et ن.

Le م prime tous les augments, parce qu'il est le seul qui soit d'un emploi exclusif avec les noms. Il a, d'ailleurs, sur le ن l'avantage du rang (*a*), celui de la voyelle (*b*) et celui du sens (*c*) de nom d'agent. On supprime donc le ن, et l'on dit au pluriel : مَطَالِق.

DEUXIÈME EXEMPLE. — Construire le pluriel de اسْتِخْرَاج *traduction*, dont les augments à considérer sont le س et le ت, le premier ا étant purement euphonique et le second devant être conservé (XXVI, **7**).

La suppression du ت et le maintien du س donneraient سَخَارِيج ; or, il n'existe pas de nom avec س comme augment initial, c'est-à-dire de la forme سَفَاعِيل.

Le maintien du ت et la suppression du س donneraient, au contraire, un nom commençant par ت, c'est-à-dire un nom dans lequel cette lettre occupe un rang normal (*f*) comme dans تَمَاثِيل *images, statues*. Donc, on supprime le س, on conserve le ت, et l'on dit au pluriel : تَخَارِيج.

Troisième exemple. — Construire le pluriel des deux syno-
nymes الألدّ et لدود *adversaire récalcitrant*, dont les augments
sont le ء et le و dans le premier, et le ي et le د dans le second.

Le ء et le ي, initials, priment leurs co-augments par le
rang (1) et le sens (e) que donne ce [rang. En effet, dans les
verbes, le ء initial marque la première personne; et le ي,
la troisième personne; tandis que le و, au troisième rang
comme dans les exemples donnés, ne marque aucune idée. On
conserve donc le ء et le ي (e) et l'on dit au pluriel: أُلَدّة et لِدّة.

C.   APPLICATION AUX NOMS A TROIS AUGMENTS.

Les noms à trois augments en suppriment deux et conservent l'autre.

Premier exemple. — Construire le pluriel de مُتَكَبِّر *orgueilleux*,
dont les augments sont : م, س, ت.

Le م initial primant tous ses co-augments se conserve, et les
deux autres se suppriment. Le pluriel demandé est donc : مَكَابِر.

Deuxième exemple. — Construire le pluriel de مُوَمَرِيس *cala-*
mité, dont les augments à considérer sont le م et le ر, au
troisième et au quatrième rang, le ي devant être maintenu
(XXVI, 7).

L'exemple est de la forme فَعَفَلِيل dont la première et la seconde
radicale ont été répétées pour former un nom identique à un
quintilitère (N. P. **22**), tel que حَنْدَرِيس. Ces deux lettres figur-
ent au même titre dans l'exemple donné : elles y sont toutes
les deux comme augments et toutes les deux tiennent lieu de
radicales, puisqu'elles correspondent aux radicales د et ر de
حَنْدَرِيس. Mais c'est le ر qui prime, 1° parce qu'il n'appartient pas
au groupe des dix augments (e), tandis que le م en fait partie;

2° parce que ce dernier, médial, ne représente aucun sens. On supprime donc le ب, et l'on dit au pluriel : مَرَازِبَة.

TROISIÈME EXEMPLE. — Construire le pluriel de مُتَشَانِس qui signifie le contraire de *bossu* et dont les augments sont م, ن et س final.

Sébawaïh supprime le ن et le س et maintient le م comme indice d'une idée (*c*) : مَقَاعِس.

El-Mobarred supprime le ن et le م et maintient le س comme tenant lieu d'une radicale (*d*) : قَعَانِس.

QUATRIÈME EXEMPLE. — Construire le pluriel de حِزْبَون *vieille femme*, dont les augments sont ن, و et ي.

Le ن, ajouté aux radicales ح, ز, ب pour tenir lieu d'une radicale, doit être conservé (*d*).

La suppression du و et le maintien du ي donneraient : حَيَازِبِن. Or, quand trois lettres suivent le ا du pluriel, la médiale ne peut être qu'un ي quiescent. La forme obtenue est donc défectueuse, et pour la rectifier il faudrait encore supprimer le ي, ce qui donnerait حَزَابِن. La suppression du و ne donnant qu'indirectement le pluriel, doit être évitée, et c'est sur le ي qu'elle doit porter, parce que, sans recourir à une seconde suppression elle donne *directement* (*g*) le pluriel demandé : حَزَابِين.

CINQUIÈME EXEMPLE. — Construire le pluriel de سَفَرْجَل *diligent*, dont les augments sont ن et د.

Ces deux augments ont été ajoutés aux radicales س, ر, د pour former un nom identique à un quintilitère, tel que سَفَرْجَل.

On peut supprimer le ي et conserver le ن comme primant par le rang (*a*); ou bien supprimer le ن et conserver le ي comme primant par sa voyelle virtuelle.

Dans le premier cas, le pluriel est سَرَائِد; dans le second, سَرَادِي.

Autres exemples :

غَلَّاد corpulent.　Pluriel : غَلَائِذ ou غَلَائِد

حَبَّاط ventru.　　　— حَبَائِط —

غَفَّار lion.　　　　— غَفَّارِين —

De tout ce qui précède, il résulte que dans aucun cas, l'augment faible qui précède la finale ne doit être supprimé, et que les avantages qui militent en faveur du maintien d'un augment se ramènent à deux catégories : avantages relatifs au *sens* comme ceux du م, du ء et du ى dans يَلْدَد, أَلْدَد, مُطْلِق, et avantages relatifs à la *forme* comme ceux du ت et du و dans حَيْزَبُون, اِسْتِخْرَاج.

NOTES. — **1.** Il est permis de compenser toute lettre supprimée par un ى inséré entre les deux dernières lettres du pluriel فَعَالِل ou ses analogues.

Ex. :　　　سَفَارِيج ou سَفَارِج

　　　　　　مَطَالِيق — مَطَالِق

2. Les grammairiens de Coufa autorisent l'insertion d'un ى dans فَعَالِل et ses analogues, et sa suppression dans فَعَالِيل et ses analogues.

Ex. :　　　جَعَافِير ou جَعَافِر

　　　　　　عَصَافِير — عَصَافِر

3. Bnou-Malek, dans le *Tesheil*, se range à l'avis de ces grammairiens ; mais quand il s'agit du pluriel en فَوَاعِل (XXI), il considère cette insertion comme irrégulière.

4. Les grammairiens de Bassora n'admettent qu'en *poésie* l'addition et la suppression du ى.

5. L'insertion du ى dans le pluriel فَوَاعِل paraît régulière,
parce que, d'après Damaméney, Sébawaih a entendu dire :
دَوَانِيق, طَوَابِيق, خَوَاتِيمُ pluriels de دَانِق *valeur,* طَابَقَ *poêle à
frire,* خَاتِمٌ *cachet.*

6. Les noms en مَفْعُول et en مَفْعِل suivent généralement le pluriel sain. Cependant les féminins en مَفْعِل sans ة, suivent le
pluriel brisé.

Ex. :   مُرْضَعٌ *nourrice,*   Pluriel :   مَرَاضِع

            مُطْفِل *qui a un enfant.*   —   مَطَافِل

XXVIII. — Formes diverses.

Aux formes qui précèdent, il y a lieu d'ajouter les suivantes :

فَعَالَى	Ex. :	سَكْرَانُ *ivre,*	Pluriel :	سَكَارَى
فَعِيل		عَبْدٌ *serviteur,*	—	عَبِيد
فُعَال		ضِئْرٌ *nourrice,*	—	ضُؤَار
فُعْلَى		حَجَلٌ *perdrix,*	—	حِجْلَى
فَعْلَةٌ		رَجُلٌ *homme,*	—	رَجْلَة
فَعَالَةٌ		جَمَلٌ *chameau,*	—	جِمَالَة
فُعَالَةٌ		فَحْلٌ *étalon,*	—	فُحَالَة
فَعْلٌ		صَاحِبٌ *compagnon.*	—	صَحْبٌ

NOTES. — **1.** Les grammairiens sont divisés sur la question
de savoir si les sept dernières formes indiquent la pluralité ou
la collectivité.

2. فِعَال est un pluriel qui s'emploie de préférence à فَعَالَى (XXIV, R. III) avec les qualificatifs masculins en فَعْلَان et féminins en فَعْلَى (XXIV, R. III).

3. فِعَال ne se rencontre qu'avec les deux noms حَجَل *perdrix* et ظَرِيف *patois* : ظِرَاف, حِجْلَان.

4. فِعَلَة n'a été donné qu'à فَعِل. Ex. : رَجُل *homme*, pl. رَجَلَة.

5. فِعَالَة et فَعُولَة qui s'emploient le premier avec فَعْل, et le second avec فَعِيل, ne seraient, d'après un commentateur de l'*Alfyah* de Bnou-Mâlîk que فَعْل (XV) et فَعِيل (XVI) auxquels on a ajouté le ة pour corroborer la pluralité.

Pluriels de pluriels.

Les pluriels brisés peuvent être brisés, à leur tour et, donner lieu ainsi à des *pluriels de pluriels*.

PRINCIPE. — Un pluriel n'est susceptible d'être mis au pluriel brisé qu'à la condition d'avoir une forme analogue à celle d'un singulier.

De là, les deux conséquences suivantes :

PREMIÈRE CONSÉQUENCE. — Les vingt premiers pluriels, depuis أَفْعَل jusqu'à أَفْعِلَاء inclusivement, admettent le pluriel brisé, parce qu'ils sont, par leurs formes, analogues à des singuliers.

Ex. :   أَكْلُب   est analogue au singulier   أَصْبُع

          جِمَال   شِمَال

DEUXIÈME CONSÉQUENCE. — Les autres pluriels, depuis فَوَاعِل

jusqu'à ‌ـُـاعِـل‌ inclusivement, n'admettent pas le pluriel brisé, parce qu'il n'y a pas de singulier ayant un ‌ا‌ précédé de deux lettres et suivi de deux autres.

RÈGLE. — En général, on forme le pluriel d'un pluriel en donnant à celui-ci la forme plurielle compatible avec le singulier qui lui est analogue.

Ex. : ‌أَكْلُبٌ‌ fait ‌أَكَالِبُ‌, parce que ‌أَصْبُعٌ‌ fait ‌اصابِعُ‌

‌شمائِلُ‌ — ‌شَمَالٌ‌ — ‌جَمَائِلُ‌, — ‌جمالٌ‌

On procède de la sorte, surtout lorsqu'il s'agit de pluriel de *petite pluralité*.

Mais quand il s'agit de formes de *grande pluralité*, on emploie généralement la désinence féminine ‌ـَاتُ‌ (N. P. **27**).

Ex. : ‌جِمَالٌ‌ Pl. de Pl. ‌جِمَالاتٌ‌

‌كِلَبٌ‌ — ‌كِلابَاتٌ‌

Quelquefois, ‌فَعَائِلُ‌, ‌فَوَاعِلُ‌, etc., se mettent au pluriel à l'aide des désinences du pluriel sain.

Ex. : ‌نَوَاكِسُ‌ Pl. de Pl. ‌نَوَاكِسُونَ‌

‌حَدَائِدُ‌ — ‌حدائِدَاتٌ‌

SUPPLÉMENT

Pluriel féminin sain brisé.

Quand un nom est substantif trilitère et que sa seconde radicale est quiescente, forte et non contractée dans la troisième, il subit dans certains cas une rupture par changement de signes (N. P. 34 3°), en se mettant au pluriel féminin sain.

A. — فَعْلٌ ET فَعْلَةٌ.

Les substantifs en فَعْلٌ et en فَعْلَةٌ doivent remplacer au pluriel sain le *sekoun* de la seconde radicale par un *fetha*.

Ex. : دَعْدٌ *Daad,* Pluriel : دَعَدَاتٌ

حَسْرَةٌ *peine,* — حَسَرَاتٌ

ظَبْيَةٌ *gazelle.* — ظَبَيَاتٌ

B. — فِعْلٌ ET فِعْلَةٌ.

Les substantifs en فِعْلٌ et en فِعْلَةٌ peuvent conserver le *sekoun* ou le remplacer par un *fetha*. En outre, quand la troisième radicale n'est pas un و, ils peuvent le remplacer par un *kesra*.

Ex. : هِنْدٌ *Hend,* Pluriel : هِنْدَاتٌ, هِنَدَاتٌ, هِنِدَاتٌ

كِسْرَةٌ *fragment,* — كِسْرَاتٌ, كِسَرَاتٌ, كِسِرَاتٌ

C. — فَعْل ET فَعْلَة.

Les substantifs en فَعْل et en فَعْلَة peuvent conserver le *sekoun* ou le remplacer par un *fetha*. En outre, quand la troisième radicale n'est pas un ی, ils peuvent le remplacer par un *Thmmma*.

Ex. : جَمْل *Djoml.*   Pluriel : جُمَلَات, جَمَلَات, جُمْلَات

— خَطْوَة *pas.*   — خُطُوَات, خَطَوَات, خُطْوَات

Quand la troisième radicale est un و dans فَعْل ou فَعْلَة, ou un ی dans فَعْل ou فَعْلَة, le *sekoun* ne peut être remplacé par une voyelle analogue à celle de la première radicale, autrement on aurait, par exemple ذَرْوَات et ذُمْيَات pour pluriels de ذَرْوَة *sommet* et دُمْيَة *statue en os,* c'est-à-dire un و après un *kesra* et un ی après un *dhemma,* ce qui est contraire à l'euphonie.

ANOMALIE : جَرْوَة *cornichon,*   Pluriel : جَرْوَات

OBSERVATION. — جَرْوَة peut se prononcer de trois façons : جَرْوَة, جِرْوَة, جُرْوَة.

A. — TABLEAU DES PLURIELS

AVEC LES SINGULIERS CORRESPONDANTS

FORMES			EXEMPLES	
I.	أَفْعُل	فَعْل	أَفْلُس	فَلْس
		فَعَال	أَعْنُق	عَنَاق
		فِعَال	أَذْرُع	ذِرَاع
		فُعَال	أَعْقُب	عُقَاب
		فَعِيل	أَيْمُن	يَمِين
II.	أَفْعَال	فَوْل	أَثْوَاب	ثَوْب
		فَيْل	أَعْيَان	عَيْن
		فَعْل	أَرْبَاب	رَبّ
		فَعَل	أَجْمَال	جَمَل
		فَعِل	أَكْتَاف	كَتِف
		فَعُل	أَعْضَاد	عَضُد
		فِعْل	أَحْمَال	حِمْل
		فِعَل	أَعْنَاب	عِنَب
		فِعِل	آبَال	إِبِل
		فُعْل	أَقْفَال	قُفْل
		فُعَل	أَرْطَاب	رُطَب
		فُعُل	أَعْنَاق	عُنُق

	FORMES		EXEMPLES	
		FORMES	**EXEMPLES**	
III.	أَفْعِلَة	فِعَال	اقذلة	قِذَال
		فِعَال	أحمرة	حِمَار
		فُعَال	أغربة	غُرَاب
		فَعِيل	أرغفة	رَغِيف
		فَعُول	أعمدة	عَمُود
IV.	فَعْلَة	فَعْل	شيخة	شَيْخ
		فِعْل	فتية	فتى
		فُعْل	ثنية	ثنى
		فَعَال	غزالة	غَزَال
		فُعَال	غلمة	غُلَام
		فَعِيل	صبية	صبى
V.	فُعْل	أَفْعَل	حُمْر	أَحْمَر
		فَعْلَاء	حُمْر	حَمْرَاء
VI.	فُعُل	فَعَال	قُذُل	قِذَال
		فِعَال	حُمُر	حِمَار
		فُعَال	كُرُع	كُرَاع
		فَعِيل	قُضُب	قَضِيب
		فَعُول	قُلُص	قَلُوص
		فَعُول	صُبُر	صَبُور

	FORMES		EXEMPLES	
	pluriel	*singulier*	*pluriel*	*singulier*
VII.	فِعال	فُعْلَة	قِراب	قُرْبَة
		فُعْلَى	كُبَر	كُبْرَى
VIII.	فُعَل	فُعْلَة	قُرَب	قُرْبَة
IX.	فُعاة	فاعٍ	قُضاة	قاضٍ
X.	فَعَلة	فاعِل	كَمَلة	كامِل
XI.	فُعالى	فَعيل	قَتْلى	قَتيل
		فَعيل	مَرْضى	مَريض
		فَعِل	زَمْنى	زَمِن
		فاعِل	هَلْكى	هالِك
		فَيْعِل	مَوْتى	مَيِّت
		أفْعَل	حَمْقى	أحْمَق
		فَعْلان	سَكْرى	سَكْران
XII.	فِعَلة	فُعْل	غِصَنة	غُصْن
		فُعَّل	رُوَحة	رُوح
		فُعْل	قِرَدة	قِرْد
XIII.	فُعَّل	فاعِل	ضُرَّب	ضارِب
		فاعِلة	ضُرَّب	ضارِبة

FORMES			EXEMPLES	
XIV.	فُعَّال	فاعل	ضرّاب	ضارب
XV.	فِعال	فَعل	كلاب	كلب
		فَعل	صعاب	صعب
		فعل	جبال	جبل
		فعلة	رقاب	رقبة
		فعل	بئار	بئر
		فعل	رماح	رمح
		فعيل	كبار	كبير
		فعيلة	كبار	كبيرة
XVI.	فُعُول	فعل	كبود	كبد
		فعل	حمول	حمل
		فعل	كعوب	كعب
		فعل	جنود	جند
XVII.	فُعْلان	فعال	غلمان	غلام
		فعل	صردان	صرد
		فول	حيتان	حوت
		فول	جيران	جار

	FORMES		EXEMPLES	
XVIII.	فُعْلان	فَعْل	بُطْنان	بَطْن
		فِعيال	قُضْبان	قَضِيب
		فُعال	بُلْدان	بَلَد
XIX.	فُعَلاء	فَعِيل	كُرَماء	كَرِيم
XX.	أفْعِلاء	فَعِل	أغْنِياء	غَنِيّ
		فَعِيل	أشِدّاء	شَدِيد
XXI.	فَواعِل	فاعِلة	قَوابِل	قابِلة
		فاعِلة	كَواذِب	كاذِبة
		فاعِل	كَواهِل	كاهِل
		فاعِل	طَوابِع	طابِع
		فَوْعَل	جَواهِر	جَوْهَر
		فَوْعَلة	زَوابِع	زَوْبَعة
		فاعِلاء	قَواصِع	قاصِعاء
		فاعِل	طَوالِق	طالِق
		فاعِل	صَواهِل	صاهِل
XXII.	فَعائِل	فِعال	شَمائِل	شِمال
		فِعال	شَمائِل	شِمال
		فُعال	عَقائِب	عُقاب

FORMES		EXEMPLES	
	فَعِيل	سَعَائِذ	سَعِيد
	فَعُول	عَجَائِز	عَجُوز
	فَعَالَة	سَحَائِب	سَحَابَة
	فِعَالَة	رَسَائِل	رِسَالَة
	فِعَالَة	كَنَائِس	كَنِيسَة
	فَعِيلَة	صَحَائِف	صَحِيفَة
	فَعُولَة	حَمَائِل	حَمُولَة
XXIII. فَعَالِى	فَعْلَاء	صَحَار	صَحْرَاء
	فَعْلَاء	عَذَار	عَذْرَاء
	ـَى	حَبَال	حُبْلَى
	ـَى	ذَفَار	ذِفْرَى
	فَعْلَاة	مَوَام	مَوْمَاة
	فَعْلَاة	سَعَال	سِعْلَاة
	فِعْلِيَة	هَبَار	هِبْرِيَة
	فَعْلُوَة	عَرَاق	عَرْقُوَة
	____	حَبَاط	حَبَنْط
	____	قَلَاس	قَلَنْسُوَة
XXIV. فَعَالَى	فَعْلَاة	صَحَارَى	صَحْرَاء
	فَعْلَاة	عَذَارَى	عَذْرَاء
	ـَى	حَبَالَى	حُبْلَى

FORMES			EXEMPLES	
	ـَـَالَـ		سَكْرَان — سَكَارَى	ذِفْرَى — ذَفَارَى
	فَعَالَى		سَكْرَى — سَكَارَى	
XXV.	فَعَالِيّ		كُرْسِيّ — كَرَاسِيّ	
XXVI.	فَعَالِل	quadril. sans augments	جَعْفَر — جَعَافِر	
		quintil. —	سَفَرْجَل — سَفَارِج	
		quadril. avec augments	مُتَدَحْرِج — دَحَارِج	
		quintil. —	خَنْدَرِيس — خَنَادِر	
XXVII.	ـَـَاـِـ	Trilitères à un, deux ou trois augments et ne rentrant dans aucune catégorie des trilitères précédents.	أَفْضَل — أَفَاضِل	
			مَنْطَلِق — مَطَالِق	
			إِسْتِخْرَاج — تَخَارِين	
			أَلَدّ — أَلَادّ	
			يَلَنْدَد — يَلَادّ	
			مُسْتَكْبِر — مَكَابِر	
			مُزَمْرِيس — مَزَارِيس	
			مُقَعْنِسِس — مَقَاعِس	
			— قَعَاسِيس	
			حَيْزَبُون — حَزَابِين	
			سَرَنْدَى — سَرَانِد	
			— سَرَاد	

a. — Substantifs trilitères sans augments et sans ة.

	FORMES		EXEMPLES	
		فَعْل		
1.	أَفْعُل		فَلْس	أَفْلُس
	فُعُول		فَلْس	فُلُوس
	أَفْعَال		ثَوْب	أَثْوَاب
	فِعَال		زَنْد	زِنَاد
	فِعْلَان		رَأْل	رِئْلَان
	فُعْلَان		بَطْن	بُطْنَان
	فِعْلَة		غُرْد	غِرَدَة
	فُعُل		سَقْف	سُقُف
	أَفْعِلَة		نَجْد	أَنْجِدَة
		فِعْل		
2.	أَفْعَال		جَمَل	أَجْمَال
	فِعَال		جُمَل	جِمَال
	فِعْلَان		تَاج	تِيجَان
	فُعُول		ذَكَر	ذُكُور
	أَفْعُل		زَمَن	أَزْمُن

FORMES			EXEMPLES	
		فُعْلَان	حَزَب	حِزْبَان
		فُعْلَان	حَمَل	حُمْلَان
		فِعَلَة	جَار	جِيرَة
		فِعْلَى	حَجَل	حِجْلَى
3	فَعِل	أَفْعَال	فَخِذ	أَفْخَاذ
		أَفْعَال	فِخِذ	أَفْخَاذ
		فُعُول	نَمِر	نُمُور
		فُعُل	نِمِر	نُمُر
4	فَعُل	أَفْعَال	عَجُز	أَعْجَاز
		أَفْعَال	عَجُز	أَعْجَاز
		فِعَل	سَبُع	سِبَاع
5	فِعْل	أَفْعَال	حِمْل	أَحْمَال
		فُعُول	حِمْل	حُمُول
		فِعَال	قِدْح	قِدَاح
		أَفْعُل	رِجْل	أَرْجُل
		فِعْلَان	صِنْو	صِنْوَان
		فُعْلَان	ذِئْب	ذُؤْبَان
		فِعَلَة	قِرْد	قِرَدَة

	FORMES		EXEMPLES	
6.	فِعَل	أَفْعَال	عِنَب	أَعْنَاب
		أَفْعَال	عِنَب	أَعْنَاب
		أَفْعُل	ضِلَع	أَضْلُع
		فُعُول	ضِلَع	ضُلُوع
7.	فِعِل	أَفْعَال	إِبِل	آبَال
		أَفْعَال	إِبِل	آبَال
8.	فُعَل	أَفْعَال	قُرْء	أَقْرَاء
		فُعُول	قُرْء	قُرُوء
		فِعَلَة	قُرْط	قِرَطَة
		فِعَال	خُفّ	خِفَاف
		فُعَل	فُلْك	فُلَك
		فِعْلَان	عُود	عِيدَان
9.	فُعَل	فُعْلَان	صُرَد	صِرْدَان
		فُعْلَان	صُرَد	صُرْدَان
		أَفْعَال	رُطَب	أَرْطَاب
		فِعَال	رُبَع	رِبَاع
10.	فُعُل	أَفْعَال	عُنُق	أَعْنَاق
		أَفْعَال	عُنُق	أَعْنَاق

	FORMES		EXEMPLES	
	(sing.)	*(plur.)*	*(sing.)*	*(plur.)*
b. — Substantifs trilitères sans augments et avec ة.				
11.	فَعْلَة	فِعَال	قَصْعَة	قِصَاع
		فُعُول	بَدْرَة	بُدُور
		فِعَال	بَدْرَة	بِدَار
		فُعَل	نَوْبَة	نُوَب
12.	فَعْلَة	فِعَال	رَقَبَة	رِقَاب
		فِعَال	نَارَة	نِيَر
		فُعَل	بَدَنَة	بُدُن
13.	فَعَلَة	فَعَل	مَعِدَة	مَعِد
14.	فَعْلَة	فَعَل	لَقْحَة	لَقَح
		فِعَال	لَقْحَة	لِقَاح
		أَفْعُل	نَعْمَة	أَنْعُم
15.	فُعْلَة	فَعَل	بُرْقَة	بُرَق
		فُعُول	حُجْزَة	حُجُوز
		فِعَال	بُرْمَة	بِرَام
16.	فَعَلَة	فُعَل	تُخَمَة	تُخَم
17.	فُعَلَة	فُعَل	جُمَعَة	جُمَع

FORMES	EXEMPLES

c. — Qualificatifs trilitères sans augments et sans ة.

18.	فَعْلٌ	فِعَالٌ	صَعْبٌ — صِعَابٌ
		أَفْعَالٌ	شَيْخٌ — أَشْيَاخٌ
		فِعْلَانٌ	ضَيْفٌ — ضِيفَانٌ
		فُعْلَانٌ	رَغْدٌ — رُغْدَانٌ
		فُعُولٌ	كَهْلٌ — كُهُولٌ
		فَعَلَةٌ	رَطْلٌ — رَطَلَةٌ
		فُعْلَةٌ	شَيْخٌ — شِيخَةٌ
		فُعَّلٌ	وَرْدٌ — وُرَّدٌ
		فُعَّلٌ	سَهْلٌ — سُهَّلٌ
		فُعَلَاءُ	سَمْحٌ — سُمَحَاءُ
19.	فَعَلٌ	أَفْعَالٌ	بَطَلٌ — أَبْطَالٌ
		فِعَالٌ	حَسَنٌ — حِسَانٌ
		فِعْلَانٌ	أَخٌ — إِخْوَانٌ
		فُعْلَانٌ	ذَكَرٌ — ذُكْرَانٌ
		فُعَّلٌ	نَصَفٌ — نُصَّفٌ
20.	فِعِلٌ	أَفْعَالٌ	نِكَدٌ — أَنْكَادٌ
		فِعَالٌ	رِجْعٌ — رِجَاعٌ

	FORMES		EXEMPLES	
		فُعُل	خَشِن	حُشُن
		فَعَالَى	حَبِط	حَبَاطَى
21.	فُعُل	أَفْعَال	يَقْظ	أَيْقَاظ
22.	فِعُل	أَفْعَال	جِلْف	أَجْلَاف
		أَفْعُل	جِلْف	أَجْلُف
23.	فَعُل	Pl. sain	»	»
24.	فِعُل	Pl. sain	»	»
25.	فُعُل	أَفْعَال	حُرّ	أَحْرَار
26.	فُعُل	Pl. sain	»	»
27.	فُعُل	أَفْعَال	جُنُب	أَجْنَاب

d. — Qualificatifs trilitères sans augments et avec ة.

Les qualificatifs de cette catégorie (فَعَلَةٌ, فَعْلَةٌ ..) n'admettent pas le pluriel sain.

e. — Substantifs trilitères masculins avec augments au 3e rang.

	FORMES		EXEMPLES	
28.	فَعَال	أَفْعِلَة	زَمَان	أَزْمِنَة
		فُعُل	قَذَال	قُذُل
		فِعْلَان	غَزَال	غِزْلَان

	FORMES		EXEMPLES	
29.	فِعَال	أَفْعِلَة	حِمَار	أَحْمِرَة
		فُعُل	حِمَار	حُمُر
		فِعْلَان	صِوَار	صِيرَان
		فَعَائِل	شِمَال	شَمَائِل
30.	فُعَال	أَفْعِلَة	غُرَاب	أَغْرِبَة
		فُعُل	فُؤَاد	فُؤُد
		فِعْلَان	غُرَاب	غِرْبَان
		فُعْلَان	زُقَاق	زُقَّان
31.	فَعِيل	أَفْعِلَة	رَغِيف	أَرْغِفَة
		فُعُل	رَغِيف	رُغُف
		فِعْلَان	رَغِيف	رُغْفَان
		أَفْعِلَاء	نَصِيب	أَنْصِبَاء
		فِعَال	فَصِيل	فِصَال
		فَعَائِل	أَفِيل	أَفَائِل
32.	فَعُول	أَفْعِلَة	عَمُود	أَعْمِدَة
		فُعُل	عَمُود	عُمُد
		فِعْلَان	قَعُود	قِعْدَان
		أَفْعَال	دَلْو	أَدْلَاء

FORMES		EXEMPLES	

f. — Substantifs trilitères féminins avec augment au 3e rang.

33.	دِعَال	اَدعُل	عَنَق / أَعْنُق
34.	دِعَال	اِذعُل	ذِرَاع / أَذْرُع
35.	فُعَال	اَدعُل	عُقَاب / أَعْقُب
36.	فِعِيل	أَفعُل	يَمِين / أَيْمُن
37.	دِعول	فَعَائِل	ذَنُوب / ذَنَائِب

g. — Qualificatifs trilitères masculins avec augment au 3e rang.

38.	دَعَال	فُعَلَاء	جَبَان / جُبَنَاء
		فُعُل	صَنَاع / صُنُع
		فِعَال	جَوَاد / جِيَاد
39.	فِعَال	فُعُل	كِنَاز / كُنُز
		فِعَال	هِجَان / هِجَان
40.	فُعَال	فُعَلَاء	شُجَاع / شُجَعَاء
		فُعْلَان	شُجَاع / شُجْعَان
		أَفْعِلَة	شُجَاع / أَشْجِعَة
41.	فِعِيل	فُعَلَاء	كَرِيم / كُرَمَاء
		فِعَال	كَرِيم / كِرَام

	FORMES		EXEMPLES	
		فُعُلٌ	نَذِيرٌ	نُذُرٌ
		فُعْلَانٌ	نَثًّ	ثُنْيَانٌ
		فِعْلَانٌ	خَصِيٌّ	خِصْيَانٌ
		أَفْعَالٌ	شَرِيفٌ	أَشْرَافٌ
		أَفْعِلَاءُ	صَدِيقٌ	أَصْدِقَاءُ
		أَفْعِلَةٌ	شَجِيعٌ	أَشِجَّةٌ
		فُعُولٌ	ظَرِيفٌ	ظُرُوفٌ
		فَعْلَى	جَرِيحٌ	جَرْحَى
42.	فَعُولٌ	فُعُلٌ	صَبُورٌ	صُبُرٌ
		فُعَلَاءُ	وَدُودٌ	وُدَدَاءُ
		أَفْعَالٌ	عَدُوٌّ	أَعْدَاءُ

h. — Qualificatifs trilitères féminins avec augment au 3e rang.

43.	فَعَالٌ	فُعْلٌ	صَنَاعٌ	صُنْعٌ
44.	فَعِيلٌ	فَعْلَى	قَتِيلٌ	قَتْلَى
45.	فَعُولٌ	فَعَائِلُ	عَجُوزٌ	عَجَائِزُ

i. — Substantifs avec ﺍ au 1er rang.

46.	أَفْعَلُ	أَفَاعِلُ	أَصْبَعُ	أَصَابِعُ

FORMES		EXEMPLES	

j. — Qualificatifs avec ا au 1er rang.

47.

أَفْعَل	أَفَاعِل	أَفْضَل	أَفَاضِل
	فُعْل	أَحْمَر	حُمْر
	فُعْلَان	أَحْمَر	حُمْرَان

k. — Substantifs avec ا au 2e rang.

48.

فَاعِل	فَوَاعِل	كَاهِل	كَوَاهِل
	فُعْلَان	حَاجِر	حُجْرَان
	فِعْلَان	جَان	جِنَان

49.

فَاعِلَة	فَوَاعِل	كَاتِبَة	كَوَاتِب

50.

فَاعِلَاء	فَوَاعِل	فَاصِعَاء	قَوَاصِع

l. — Qualificatifs avec ا au 2e rang.

51.

فَاعِل	فُعَّل	جَاهِل	جُهَّل
	فُعَّال	جَاهِل	جُهَّال
	فَعَلَة	فَاسِق	فَسَقَة
	فُعَلَة	فَاضٍ	قُضَاة
	فُعْل	بَازِل	بُزْل
	فُعَلَاء	شَاعِر	شُعَرَاء
	فُعْلَان	صَابِح	صُبْحَان

	FORMES	EXEMPLES	
	فَعَّال	تَاجِرٌ	تُجَّارٌ
	فُعَّلٌ	قَاعِدٌ	قُعُودٌ
52.	فُعَّلٌ (فَاعِلَة)	نَائِمَةٌ	نُوَّمٌ
	فَعَائِلُ	نَائِمَةٌ	نَوَائِمُ

m. — Substantifs avec ى au 2ᵉ rang.

	FORMES	EXEMPLES	
53.	فَيْعَلٌ	فَيَاعِلُ	صَيَارِفُ	صَيْرَفٌ

n. — Qualificatifs avec ى au 2ᵉ rang.

	FORMES	EXEMPLES	
54.	فَيْعِلٌ	أَفْعَالٌ	مَيْتٌ	أَمْوَاتٌ
		فِعَالٌ	جَيِّدٌ	جِيَادٌ
		أَفْعِلَاءُ	بَيِّنٌ	أَبْيِنَاءُ

o. — Substantifs avec la terminaison ان.

	FORMES	EXEMPLES	
55.	فَعْلَانٌ	فَعَالِيلُ	شَيْطَانٌ	شَيَاطِينُ
56.	فِعْلَانٌ	فَعَالِيلُ	سِرْحَانٌ	سَرَاحِينُ
57.	فُعْلَانٌ	فَعَالِيلُ	سُلْطَانٌ	سَلَاطِينُ

p. — Qualificatifs avec la terminaison ان.

	FORMES	EXEMPLES	
58.	فَعْلَانُ	فِعَالٌ	غَضْبَانُ	غِضَابٌ
		فَعَالَى	سَكْرَانُ	سَكَارَى
		فَعَالَى	كَسْلَانُ	كَسَالَى

	FORMES		EXEMPLES	

q. — Substantifs avec ا bref au 4ᵉ rang.

59.	فُعْلَى	فِعَال	أُنْثَى	إِنَاث

r. — Qualificatifs avec ا bref au 4ᵉ rang.

60.	فَعْلَى	فِعَال	عَطْشَى	عِطَاش
		فَعَالَى	حَرْمَى	حَرَامَى
61.	فُعْلَى	فُعَل	صُغْرَى	صُغَر

s. — Substantifs avec ا long au 4ᵉ rang.

62.	فَعَالَى	فَعَالِي	صَحْرَاء	صَحَارِ
		فَعَالَى	صَحْرَاء	صَحَارَى

t. — Qualificatifs avec ا long au 4ᵉ rang.

63.	فَعَالَى	فَعَالِي	عَذْرَاء	عَذَارِ
		فَعَالَى	عَذْرَاء	عَذَارَى
		فِعَال	بَطْحَاء	بِطَاح
		فُعَل	حَمْرَاء	حُمَر
64.	فُعَالَى	فَعَالِي	عُشَرَاء	عَشَار

u. — Substantifs avec ا bref au 5ᵉ rang.

65.	ـــــَى	فَعَالِى	حُبَارَى	حَبَار

FORMES	EXEMPLES

v. — Substantifs avec ‍ا long au 5ᵉ rang.

66. فَاعِلَاءُ . فَوَاعِلُ | فَاصِعَةُ   قَوَاضِعُ

x. — Substantifs avec les terminaisons ‍ىَ.

67. فَعْلِىٌّ فَعَالِى | كُرْسِىٌّ   كَرَاسِىٌّ

y. — Noms quadrilitères.

68. فَعْلَلٌ فَعَالِلُ | جَعْفَرٌ   جَعَافِرُ

69. فَعْلَالٌ فَعَالِيلُ | قِرْطَاسٌ   قَرَاطِيسُ

70. *z.* — Noms quintilitères.
(*Voir* XXVI).

جمع التَّكسير

أَفْعِلَةٌ أَفْعُلُ ثُمَّ فِعْلَـهْ   ثُمَّتْ أَفْعَالٌ جُمُوعُ قِلَّـهْ

وَبَعْضُ ذِى بِكَثْرَةٍ وَضَايَفِى   كَأَرْجُلٍ وَالْعَكْسُ جَاءَ كَالصَّفِى

لِفَعْلِ اسْمًا صَحَّ عَيْنًا أَفْعُل   وَلِلرُّبَاعِى اسْمًا أَيْضًا يُجْعَـل

اِنْ كَانَ كَالْعَنَاقِ وَالذِّرَاعِ فِى   مَدٌّ وَتَأْنِيثٌ وَعَدُّ الْأَحْرُفِ

وَغَيْرُ مَا أَفْعُلُ فِيهِ مُطَّرِدْ   مِنَ الثُّلَاثِى اسْمًا بِأَفْعَالٍ يَرِدْ

وَغَالِبًا أَغْنَاهُمُ فُعْـلَانْ   فِى فُعَّلٍ كَقَوْلِهِمْ صُرْدَانْ

لِاسْمٍ مُذَكَّرٍ رُبَاعِىٍّ بِمَدْ   ثَالِثُ أَفْعِلَةٍ عَنْهُمُ اطَّرَدْ

وَالْزَمْهُ فِى فِعَالٍ وَفُعَالْ   مُصَاحِبِى تَضْعِيفٍ أَوْ إِعْلَالْ

فُعْلُ لِنَحْوِ أَحْمَرٍ وَحُمْرَا   وَفِعْلَةٌ جُمِعَا بِنَقْلٍ يُدْرَا

وَفُعُلٌ لِاسْمٍ رُبَاعِىٍّ بِمَدْ   قَدْ زِيدَ قَبْلَ لَامٍ اعْلَالًا فَقَدْ

مَا لَمْ يُضَاعَفْ فِى الْأَعَمِّ ذُو الْأَلِفْ   وَفُعَلٌ جُمِعَا لِفُعْلَةٍ عُرِفْ

وَنَحْوُ كُبْرَى وَالْفُعْلَةِ فُعَلْ   وَقَدْ يَجِى جَمْعُهُ عَلَى فُعَلْ

في نَحْوِ رَامٍ ذُو اطِّرَادٍ فِعْلُه   وَشَاعَ نَحْوُ كَامِلٍ وَكَمَلَه

فَعْلَى لِوَصْفٍ كَقَتِيلٍ وَزَمِن   وَهَالِكٍ وَمَيِّتٍ بِهِ قَمِن

لِفَعْلٍ أَسْمَا صَحَّ لَامًا فَاؤُه   وَالْوَضْعُ فِي فَعْلٍ وَفِعْلٍ قَلَّلَه

وَفُعَّلٌ لِفَاعِلٍ وَفَاعِلَه   وَصْفَيْنِ نَحْوُ عَاذِلٍ وَعَاذِلَه

وَمِثْلُهُ الْفُعَّالُ فِيمَا ذُكِّر   وَذَانِ فِي الْمُعَلِّ لَامًا نَدَرَا

فُعْلٌ وَفِعْلَةٌ فِعَالٌ لَهُمَا   وَقَلَّ فِيمَا عَيْنُهُ الْيَا مِنْهُمَا

وَفُعْلٌ أَيْضًا لَهُ فُعَّالُ   مَالَمْ يَكُنْ فِي لَامِهِ اعْتِلَالُ

أُوِّيكَ مُضَعَّفًا وَمِثْلُ فُعْلِ   ذُو التَّا وَفَعْلٌ مَعَ فُعْلٍ فَاقْبِل

وَفِي فَعِيلٍ وَصْفِ فَاعِلٍ وَرَد   كَذَاكَ فِي أُنْثَاهُ أَيْضًا اطَّرَد

وَشَاعَ فِي وَصْفٍ عَلَى فُعْلَانِ   أَوْ أُنْثَيَيْهِ أَوْ عَلَى فُعْلَانِ

وَمِثْلُهُ فُعْلَانَةٌ وَالْزَمْهُ فِي   نَحْوِ طَوِيلٍ وَطَوِيلَةٍ تَفِى

وَبِفَعُولٍ فُعْلٌ نَحْوُ كَبِد   يُخَصُّ غَالِبًا كَذَاكَ يَطَّرِد

فِي فُعْلٍ أَسْمَا مُطْلَقِ الْفَا وَفَعِل   لَهُ وَلِلْفُعَّالِ فُعْلَانٌ حَصَل

وَشَاعَ فِي حُوتٍ وَقَاعٍ مَعَ مَا   ضَاهَاهُمَا وَقَلَّ فِي غَيْرِهِمَا

وَفُعْلَا أَسْمَا وَفَعِيلَا وَفَعِل   غَيْرِ مُعَلِّ الْعَيْنِ فُعْلَانٌ شَمِل

وَلِكَرِيمٍ وَبَخِيلٍ فُعَلَا   كَذَا لِمَا ضَاهَاهُمَا قَدْ جُعِلَا

وَنَابَ عَنْهُ أَفْعُلَاءَ فِى الْمُعَلّ · لَامًا وَمُضْعَف وَغَيْرُ ذَاكَ قَلّ

فَوَاعِلُ الْفَوْعَلِ وَفَاعِلِ · وَفَاعِلَاءَ مَعْ نَحْوِ كَاهِلِ

وَحَائِض وَصَاهِل وَفَاعِلَه · وَشَذَّ فِى الْفَارِسِ مَعْ مَا مَاثَلَه

وَبِفَعَائِلَ اجْمَعَنْ فَعَالَه · وَشِبْهَهُ ذَاتَاءَ أَوْ مُزَالَه

وَبِالْفَعَالِى وَالْفَعَالَى جُمِعَا · صَحْرَاءَ وَالْعَذْرَاءَ وَالْقَيْس أَتْبَعَا

وَاجْعَلْ فَعَالَى لِغَيْرِ ذِى نَسَب · جِدَدْ كَالْكُرْسِىّ تُتِيع الْعَرَب

وَبِفَعَالِلَ وَشِبْهِهِ انْطِقَا · فِى جَمْعِ مَا فَوْقَ الثَّلَاثَةِ ارْتَقَى

مِنْ غَيْرِمَا مَضَى وَمِنْ خُمَاسِى · جُرِّدَ الْآخِرَ أَنِف بِالْقِيَاس

وَالرَّابِع الشَّبِيهُ بِالْمَزِيدِ قَدْ · يُحْذَف دُونَ مَابِه تَمَّ الْعَدَد

وَزَائِدَ الْعَادِى الرُّبَاعِى احْذِفْهُ مَا · لَمْ يَكُ لِينًا أَثَرُه اللَّذ خَتَمَا

وَالسِّين وَالتَّا مِنْ كَمُسْتَدعِ أَزَلْ · اذَا بَنَيْا الْجَمْع بِقَاهُمَا مُخِلّ

وَالْمِيم أَوْلَى مِنْ سِوَاهَا بِالْبَقَا · وَالْهَمْز وَالْيَا مِثْلُه انْ سُبِقَا

وَالْيَاءَ لَا الْوَاوَ احْذِفَنْ جَمَعْت مَا · كَحَيْزَبُون فَهْوَ حُكْم حُتِمَا

وَخَيَّرُوا فِى زَائِدَىْ سَرَنْدَى · وَكُلِّ مَا ضَاهَاهُ كَالْعَلَنْدَى

MOHAMMED-BNOU-MALEK.

TABLE DES MATIÈRES

NOTIONS PRÉLIMINAIRES

PETITE PLURALITÉ

GRANDE PLURALITÉ

Angers, imp. orientale de A. Burdin.

ERNEST LEROUX, ÉDITEUR

RUE BONAPARTE, 28

ABOULFÉDA

GÉOGRAPHIE. Texte arabe publié par Reinaud et de Slane. In-4 . . 24 fr.

RENÉ BASSET

CONTES ARABES. Histoire des dix vizirs, traduite et annotée. In-18. . 5 fr.

CONTES POPULAIRES BERBÈRES. In-18. . . . . 5 fr.

NOUVEAUX CONTES BERBÈRES. In-18. . . . . 5 fr.

Comte HENRY DE CASTRIES

LES MORALISTES POPULAIRES DE L'ISLAM. I. Les Gnômes de Sidi Abd
er-Rahman el-Medjedoub. In-18. . . . . 3 fr. 50

G. DELPHIN

CHEIKH DJEBRIL. SYNTAXE ARABE. Commentaire sur la Djaroumiya, avec une
glose marginale. In-8 . . . . 5 fr.

RECUEIL DE TEXTES pour l'étude de l'arabe parlé. In-18 . . . . . 5 fr.

HARTVVIG DERENBOURG

CHRESTOMATHIE ÉLÉMENTAIRE DE L'ARABE LITTÉRAL, avec un glos-
saire. Seconde édition revue et corrigée. In-18 . . . . 7 fr. 50

FÉRAZDAK

DIWAN, publié et traduit par R. Boucher. Livraisons I à IV. In-4 . . 15 fr.

STANISLAS GUYARD

THÉORIE NOUVELLE DE LA MÉTRIQUE ARABE. In-8 . . . . . 12 fr.

NOTE SUR LA MÉTRIQUE ARABE. Supplément à la *Théorie*. In-8 . 2 fr.

O. HOUDAS

CHRESTOMATHIE MAGHRÉBINE. Avec vocabulaire. In-18 . . . . 6 fr.

A. MOULIÉRAS

LÉGENDES ET CONTES MERVEILLEUX DE LA GRANDE KABYLIE. Texte
kabyle. Fasc. I à V. In-8. Chaque. . . . . 3 fr.

ANGERS, IMP. DE A. BURDIN, RUE GARNIER, 4